INDUCTION

ET

COURANTS ALTERNATIFS

CHAPITRE PREMIER

Lois de l'induction. — Vérifications expérimentales. Théorie du phénomène.

Les courants d'induction. — Nécessité d'une démonstration expérimentale. — Au cours des deux fascicules précédents, nous avons étudié les propriétés d'un circuit parcouru par un courant électrique et noyé dans un champ magnétique ; nous avons également étudié les propriétés relatives de deux circuits parcourus *chacun par un courant électrique*. Toutes ces propriétés ont été établies en admettant une hypothèse très simple que nous allons rappeler.

On a admis que *tout déplacement d'un pôle ou d'un aimant dans le champ d'un courant s'effectuait, énergétiquement, aux dépens de la source qui entretient le courant.* Comme conséquence, tout déplacement d'un courant dans un champ s'effectue également, énergétiquement, aux dépens de la source qui entretient ce courant, en sous-entendant, bien entendu, que la source est capable de fournir, en temps voulu, l'énergie nécessaire. La question qui se pose maintenant est la suivante : *Que va-t-il se passer quand un circuit fermé, dans lequel aucune source n'est intercalée, se déplace dans un champ magnétique ?*

1

Il nous faut, pour répondre à cette question, *recourir de toute nécessité à l'expérience*, seule juge en l'espèce. Nous sommes ainsi amenés à la description des phénomènes élémentaires d'induction découverts en 1831 par Faraday. Les expériences que nous allons décrire permettront de conclure que *toutes les fois que varie le flux magnétique traversant un circuit fermé ne contenant pas de source, ce circuit sera traversé par un courant momentané dont la durée est celle de la variation du flux.* Avec Faraday, nous appellerons *aimants inducteurs*, ou *courants inducteurs*, les aimants, ou les courants, qui produisent le flux; le nom de *courants induits* sera réservé aux courants qui prennent momentanément naissance sous l'influence des variations de flux; aux circuits qui sont les sièges de ces derniers courants, nous donnerons le nom de *circuits induits.*

En réalité, la démonstration expérimentale doit être très complète, car elle est dans l'obligation :

1° d'établir l'existence incontestable des courants induits;

2° de démontrer qu'ils sont de même nature que les courants ordinaires obtenus avec les piles;

3° de prouver que leur mode d'obtention ne met pas en défaut la loi de Joule, la loi de Faraday sur l'électrolyse.

La première partie de ce programme fera l'objet du prochain paragraphe. Nous démontrerons la deuxième partie par ses conséquences, en remarquant que les actions chimiques intervenant dans la charge des accumulateurs sont identiquement les mêmes, que la source de production de l'électricité pour la charge soit une pile ou soit un appareil basé sur les lois d'induction, comme l'est une machine dynamo-électrique. La troisième partie se démontrera ainsi : nous établirons plus loin, en admettant d'abord que la loi de Joule est applicable aux courants induits, certaines lois mathématiques devant régir le phénomène, nous reconnaîtrons ensuite que la pratique de ces dernières lois permet de prévoir *avec précision* tous les cas possibles, nous en conclurons ainsi que la loi de Joule est applicable aux courants induits. Pour démontrer que ces courants obéissent aux lois de Faraday, il suffira de recommencer, avec des courants d'induction produits par une machine électrique, les expériences de Faraday sur l'électrolyse; on pourra même, afin de rendre plus probante encore la démonstration, utiliser, pour la mesure des courants, un galvanomètre étalonné préalablement avec un courant de pile.

Expériences de Faraday. — Nous allons décrire, en réalité, toute une série d'expériences un peu différentes de celles qu'effectua Faraday en 1831.

1° Nous prendrons, comme champ inducteur, le champ magnétique terrestre lui-même ; dans ce champ, nous disposerons un cadre sur lequel sont enroulées des spires de fils conducteurs soigneusement isolés au point de vue électrique les uns des autres. Le plan de ce cadre C peut tourner autour d'un axe vertical, le mouvement est transmis à l'aide d'une manivelle M (fig. 1). Au début de l'expérience, nous orienterons le plan de notre cadre perpendiculairement au plan du méridien magnétique, puis nous relierons les deux extrémités du cadre à l'aide des balais p et q aux bornes d'un galvanomètre. Nous ferons effectuer alors assez vivement au cadre un demi-tour, le flux d'induction qui pénètre

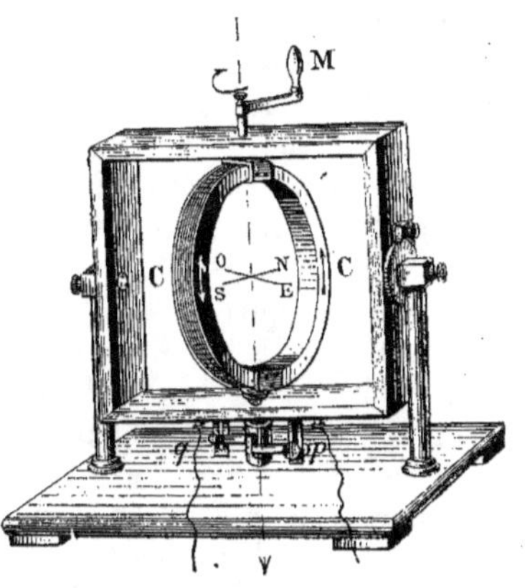

Fig. 1.

par une face *bien déterminée* du cadre de fils variera d'une *façon continue* d'une valeur Φ à la valeur $-\Phi$. Si, pendant l'opération, nous avons observé le galvanomètre, nous aurons constaté une déviation de l'équipage, cette déviation durera exactement le temps que la variation continue du flux aura persisté.

L'appareil que nous venons de décrire est dû à Delezenne et porte le nom de cerceau de Delezenne.

2° Au lieu du champ terrestre, nous pourrons créer un champ auxiliaire puissant, soit à l'aide d'un gros aimant, soit même à l'aide d'une bobine inductrice parcourue par le courant d'une pile. Nous pourrons recommencer l'expérience précédente en disposant, au début, le cerceau de Delezenne de façon que le plan du cadre soit normal à l'axe de l'aimant ou de la bobine ; en faisant effectuer ensuite à notre cerceau, d'une façon assez rapide, une demi-révolution, nous constaterons encore que l'équipage mobile du galvanomètre aura dévié.

3° Nous pourrons également opérer de la façon suivante : laissant systématiquement immobile le cerceau de Delezenne dans une position normale à l'axe de l'aimant ou de la bobine au repos, nous déplacerons brusquement dans une direction quelconque l'aimant, ou la bobine, et encore le déplacement de l'équipage mobile indiquera, qu'à une variation du flux embrassé par les spires, correspond bien un phénomène d'une nature identique, sous certains rapports, à celle d'un courant, puisque, comme le courant de pile, ce phénomène détermine une déviation de l'équipage mobile d'un galvanomètre.

4° Nous avons démontré jusqu'ici qu'en faisant varier le flux qui traverse un cadre, grâce au déplacement relatif, l'un par rapport à l'autre, du cadre et du champ, il se produisait, dans le fil conducteur dont les spires du cadre sont composés, un phénomène d'une nature analogue à celle du courant électrique. Nous pourrons, laissant cadre et bobine inductrice immobiles, obtenir le même résultat en faisant uniquement varier le courant dans la bobine inductrice.

La disposition de l'expérience sera la suivante : une bobine fixe A (fig. 2) est branchée aux bornes d'une pile P à l'aide de conducteurs et d'un rhéostat R (résistance variable). Une bobine

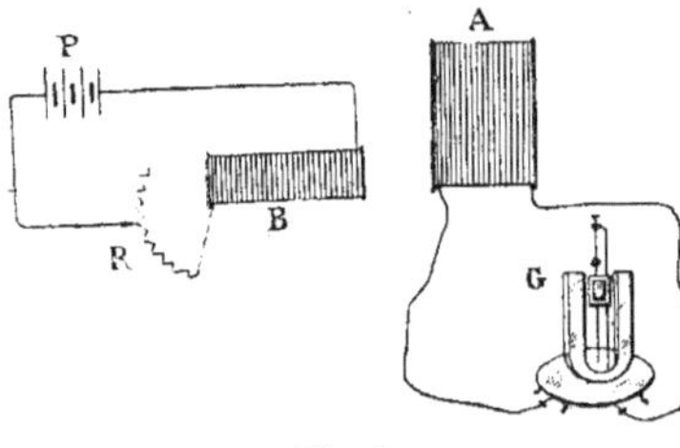

Fig. 2.

fixe A a ses extrémités branchées aux bornes d'un galvanomètre G. Si nous venons à faire varier la résistance intercalée, par le rhéostat R, dans le circuit de la pile, nous ferons varier le courant dans B, et, par voie de conséquence, le champ magnétique émané de B; on constatera qu'il se produit, pendant toute la durée de la manœuvre de R, une déviation de l'équipage mobile de G indiquant qu'il se passe dans les spires de A un phénomène de nature comparable à celle du courant électrique. Nous remarquerons que si, dans le circuit inducteur, nous diminuons la résistance R du circuit, en augmentant ainsi le courant qui traverse ce circuit B, nous augmenterons conséquemment le flux d'induction traversant A; l'expérience démontre que tout se passe, pour le courant induit, comme si nous approchions la bobine B de la bobine A; nous vérifierons, de plus, que le courant induit dans A est *de sens inverse* du courant inducteur qui augmente. Dans le cas, au contraire, où nous diminuerions le courant de la bobine inductrice B, nous constaterions dans A un courant de même sens que le courant inducteur décroissant. Autrement dit, le courant induit a un sens tel que son action serait susceptible de provoquer *un flux de sens opposé au sens du flux inducteur pour les flux inducteurs croissants*, et, *un flux de même sens que le flux inducteur pour les flux inducteurs décroissants.*

Un cas particulier du précédent est celui où, au début de l'expérience, le courant inducteur est nul. Si nous supposons que les bobines A et B ont leurs axes dans le prolongement l'un de l'autre, nous constaterons, en lançant le courant dans la bobine B, l'existence d'un courant induit dans A, existence qui sera révélée par la déviation *brusque* de l'équipage de G *immédiatement suivie d'un retour à la position d'équilibre;* ce courant, de durée très rapide, est produit pendant le temps *très court* que met le flux d'induction à varier de zéro à la valeur constante correspondante au courant inducteur. Il sera facile de constater que le sens de ce courant induit, dit *courant de fermeture*, est de sens inverse de celui qui naît dans la bobine B.

Si, maintenant, nous ouvrons le circuit inducteur parcouru par un courant constant, nous constaterons l'existence d'un courant dans la bobine A, existence qui sera révélée par la déviation *brusque* de l'équipage du galvanomètre G *immédiatement suivie de retour vers la position d'équilibre;* ce courant, également de durée très rapide, se produit pendant le temps *très court* que met le courant à diminuer sans cesse jusqu'à zéro. On pourra constater facilement que le sens de ce courant induit, dit *courant induit d'ouverture*, est de même sens que celui qui s'évanouit dans la bobine B.

Conséquences des expériences de Faraday. — Loi de Lenz. — Nous pouvons maintenant condenser en quelques énoncés concis les résultats des expériences de Faraday :

Lorsque le flux magnétique embrassé par un circuit varie, cette variation détermine, dans ce circuit, un courant momentané qu'on désigne sous le nom de courant induit.

Le courant induit dure pendant tout le temps que varie le flux.

Le flux, que le courant induit est susceptible de développer, suit une variation contraire à celle que subit le flux déterminé par le courant inducteur. Le flux dû au courant induit tend à diminuer le flux inducteur, si celui-ci croît, tandis que le flux du courant induit tend à augmenter le flux inducteur, si celui-ci décroît.

Un physicien russe, nommé Lenz, donna à cette dernière partie de la loi une forme remarquable à laquelle on a donné le nom de *loi de Lenz*. La loi de Lenz est la suivante (1) : *le sens du courant induit est toujours tel qu'il tend à s'opposer à la cause qui l'engendre et à contrarier ses effets.* Maxwell a exprimé la même idée sous une autre forme à laquelle on a donné le nom de *loi de Maxwell :*

Un flux variable Φ engendre dans un circuit un courant induit qui, à son tour, engendre un autre flux Φ', le sens du courant induit est tel que le flux Φ' tend à s'opposer à la variation du flux inducteur.

Identité des courants d'induction et des courants fournis par les piles. — Cette identité résulte d'une expérience que, chaque jour, on est à même de faire en grand dans l'industrie. Dans des distributions d'énergie à courant continu et même aussi dans des distributions à courant alternatif, on charge, à l'aide de machines dynamo basées essentiellement sur les principes de l'induction que nous venons d'exposer, de lourdes batteries (pesant souvent 15 et 20 tonnes), on est amené à admettre, sans discussion possible, que les accumulateurs ainsi chargés se comportent de la même façon que si des piles avaient été employées pour cet office. Les réactions chimiques sont les mêmes, les phases diverses des phénomènes sont absolument identiques. De plus, nous verrons dans la suite qu'on peut actionner avec du courant des appareils basés sur les phénomènes d'induction et appelés *moteurs électriques;* or, il est d'expérience journalière que ces moteurs fonctionnent aussi bien avec des courants de piles qu'avec des courants d'induction de machines dynamo. Enfin, les appareils de mesures électriques basés sur les lois de l'électromagnétisme et de l'électrodynamique se comportent de façon iden-

---

(1) La loi de Lenz n'est autre que le principe de l'action et de la réaction exprimé sous une forme élégante. La réaction tend aussi à s'opposer au phénomène qui l'engendre et à en contrarier les effets.

tique sous l'action du courant de pile et sous l'action du courant d'induction. Il ne pourrait donc y avoir de doute pour personne sur l'*identité absolue* des courants produits par les piles et des courants produits par les machines d'induction.

Théorie du phénomène d'induction. — Considérons, noyé dans l'air, un circuit en lequel se trouve intercalée une source de force électromotrice E. Soit R la résistance totale de ce circuit, I l'intensité du courant à l'instant t, Φ le flux qui, au même instant, pénètre dans le circuit par la face négative; nous aurons, en supposant qu'après le temps t pendant un court instant dt, Φ varie de $d\Phi$, la relation :

$$E.I.dt = RI^2 dt + Id\Phi, \qquad (A)$$

Nous écrivons ainsi que l'énergie fournie par la pile pendant le court espace de temps dt s'est partagée en deux parties : la première, $RI^2 dt$, nécessaire à l'échauffement des conducteurs; la seconde, $Id\Phi$, réclamée à la source par le circuit pour son déplacement contre les actions électromagnétiques du champ (fasc. 3, p. 79 et 91). On en déduit immédiatement ;

$$E - \frac{d\Phi}{dt} = I.R,$$

c'est à dire que tout va se passer comme si, à la force électromotrice E, se superposait une force contre-électromotrice agissant en sens contraire et qu'on appelle *force électromotrice d'induction*. Cette force électromotrice d'induction est égale, dans le cas simple que nous envisageons, à la dérivée par rapport au temps, changée de signe, du flux qui pénètre par la face négative du circuit (1).

Nous voyons, par une interprétation immédiate de la formule précédemment trouvée, que l'intensité du courant n'est plus fournie par la loi d'Ohm; nous avons, en effet,

$$I = \frac{E - \dfrac{d\Phi}{dt}}{R},$$

---

(1) Nous rappelons (fasc. 3, p. 67) que la face négative d'un circuit parcouru par un courant, est celle qui se trouve à la droite de l'observateur supposé couché sur le circuit en regardant l'intérieur, de façon que le courant lui entre par les pieds et lui sorte par la tête.

c'est-à-dire que si :

$$\frac{d\Phi}{dt} > 0, \quad E > RI,$$

en se reportant alors à la formule (A) de ce paragraphe, on reconnaîtra que la pile s'est comportée comme un générateur d'énergie. Si, au contraire,

$$\frac{d\Phi}{dt} < 0, \quad E < RI,$$

nous reconnaîtrons, en nous reportant à la formule (A), que le circuit reçoit *extérieurement* de l'énergie, puisque l'énergie gaspillée dans les conducteurs $RI^2 dt$ est supérieure à l'énergie fournie par la pile seule; le système se comporte alors comme un récepteur.

Loi élémentaire de l'induction. Force électromotrice élémentaire. — Considérons un circuit formé par une tige métallique droite DD', susceptible de se déplacer parallèlement à elle-même et à frottement dur sur deux rails AB, A'B', parallèles entre eux. Le circuit est complété par une pile P reliée aux extrémités A et A' des rails (fig. 3). Supposons ce cadre traversé par un flux de force dirigé normalement à sa face, d'avant en arrière, par exemple. Soit l la longueur DD', soient x la longueur DA, $\mathcal{H}$ la valeur du champ; nous aurons, pour valeur du flux qui traverse ADD'A', l'expression :

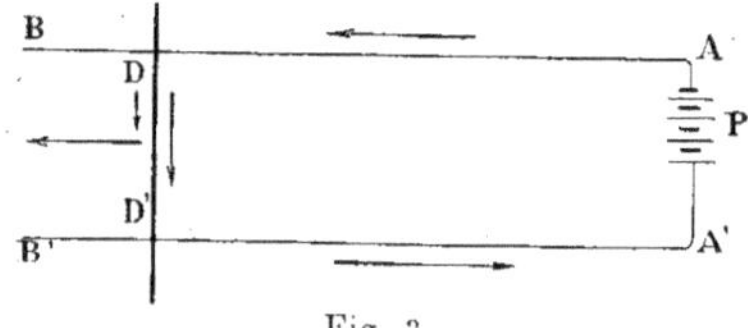

Fig. 3.

$$\Phi = \mathcal{H}.l.x,$$

la force électromotrice sera donc :

$$e = - \mathcal{H}.l.\frac{dx}{dt},$$

Or, $\dfrac{dx}{dt}$ n'est autre que la vitesse v de déplacement de la barre; cette vitesse est positive quand la barre va de A vers B, négative en sens contraire, de sorte que nous pouvons écrire :

$$e = - \mathcal{H} \times l \times v.$$

Le courant, d'après ce que nous avons vu au paragraphe précédent, peut s'écrire, en appelant E la force électromotrice de la source P, R la résistance totale du circuit :

$$I = \frac{E}{R} - \frac{\mathcal{H}.l.v}{R}.$$

La lecture de cette dernière formule indique, en admettant que les rails AB et A'B' ont une résistance négligeable, c'est à dire en supposant R constant, que I se compose de deux parties :

1° Une partie fixe indépendante du flux qui traverse le cadre, partie dépendant uniquement de la *force électromotrice de la source* résidant dans le circuit et de la résistance du circuit ;

2° Une partie variable dépendant *essentiellement* du flux et de la déformation plus ou moins rapide du circuit.

La question qui se pose est la suivante : *que se passe-t-il quand il n'existe pas de source d'électricité ?*

La **découverte de Faraday** (1) consiste en ce que la *deuxième partie* de la formule précédente *peut exister même lorsque la première partie est inexistante*, c'est-à-dire lorsque le circuit n'est le siège d'aucune source. Autrement dit : *La formule existe encore et la fonction I ne présente pas de discontinuité, lorsque E s'annule et qu'aucune source n'est plus là pour satisfaire aux dépenses d'énergie nécessaires.*

Reprenons l'expérience précédente (fig. 4), mais supprimons la

---

(1) Lorsque le circuit contient une source, nous venons de voir que la réponse au problème est immédiate grâce à l'hypothèse rappelée au début de ce chapitre ; une erreur consiste à dire que, l'expression :

$$I = \frac{E}{R} - \frac{\mathcal{H}.l.v}{R}$$

devant être vérifiée quelque infime que soit E, la formule doit être applicable lorsque E tend vers zéro, c'est-à-dire lorsque la source aura disparu totalement. Ce raisonnement est radicalement faux : d'abord, parce qu'il y aurait beaucoup de réserves à soulever au sujet de l'affirmation, *si infime que soit la source* (il ne faut pas évidemment perdre de vue que la source ne doit pas être trop infime pour le service qu'on lui demande dans le cas où elle est génératrice) ; puis, parce que le courant $\frac{E}{R}$ peut fort bien agir catalytiquement pour provoquer la deuxième partie du phénomène. D'une façon générale, lorsqu'une grandeur Z considérée est une grandeur de nature biologique, chimique ou physique, toute fonction de cette grandeur Z présentera le plus souvent pour Z = 0 une discontinuité absolue, on devra donc, de toute nécessité, *vérifier ce que devient la fonction*, lorsque la grandeur Z s'annule. *La découverte de Faraday réside justement en ce que la fonction I n'éprouve pas de discontinuité pour* E = 0.

pile, c'est-à-dire relions les points A et A′ par un conducteur, en disposant toutefois un galvanomètre dans le circuit. Si nous recom-

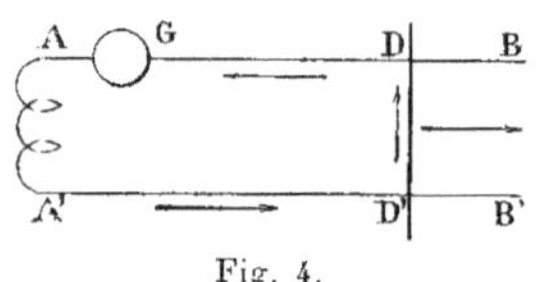

mençons les expériences, nous reconnaîtrons qu'un courant prend naissance lorsque DD′ se déplace, que ce courant est proportionnel à la vitesse du déplacement et à l'intensité du champ. Il ne faudrait pas s'imaginer que cette conséquence *indiquée* par l'expérience découle tout naturellement du principe de la conservation de l'énergie, car on chercherait en vain à démontrer que le principe de conservation de l'énergie serait en défaut dans l'hypothèse où le déplacement, dans un champ d'un circuit ne contenant pas de source, ne donnerait naissance à aucun courant.

Fig. 4.

Considérons un circuit X (fig. 5), formé d'une partie quelconque ACA′ et d'une partie variable composée d'une barre DD′ mobile et des deux rails des figures précédentes, rails supposés infiniment voisins et parallèles ; soit, de plus, $\mathcal{H}$ la composante du champ normale au plan ADD′ aux proches environs du point D. Si DD′ éprouve un déplacement de vitesse v pendant un temps assez court pour qu'on puisse supposer que, sauf DD′, le reste du circuit X n'a pas varié, nous aurons, pour variation de force électromotrice dans le

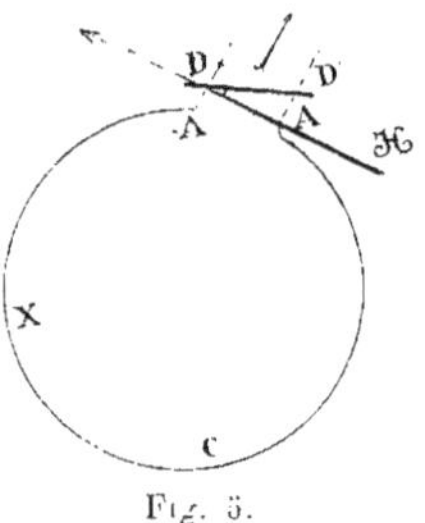

Fig. 5.

circuit X, *du fait du déplacement de* DD′, la valeur suivante, où *ds* représente la longueur DD′ elle-même :

$$dE = -\,\mathcal{H}.v.ds.$$

Cette conséquence nous permettra d'appliquer les méthodes du calcul infinitésimal à l'analyse du phénomène d'induction dans les circuits conducteurs. Cette expression est celle de la *force électromotrice élémentaire*.

L'extension donnée par la découverte de Faraday aux actions électromagnétiques des champs sur les circuits autorise à compléter ce qui a été dit au cours du 3ᵉ fascicule. Alors, nous avons admis que *tout déplacement d'un pôle (ou d'un aimant) dans le champ d'un courant se fait énergétiquement aux dépens de la source qui entretient ce courant.* Nous ajouterons : *Lorsque le circuit fermé ne contient pas de source d'électricité, les frais énergétiques, conséquence des variations de situations relatives du champ et du circuit, sont soldés par la cause même du mouvement relatif du circuit et du champ ou par la cause qui modifie le champ inducteur.* Exemple : un opérateur déplace un circuit conducteur fermé dans un champ déterminé par des aimants ; ce ne sont pas les aimants qui pourront faire les frais énergétiques, puisqu'ils ne disposent pas de disponibilité d'énergie, ce seront les muscles de l'opérateur qui assureront le service des dépenses de l'effet Joule dans le mouvement du circuit dans le champ. Si, maintenant, une source existe dans le circuit, la source d'électricité et les muscles de l'opérateur concourront aux dépenses d'énergie dans un rapport qui dépendra de la vélocité du mouvement de l'opérateur et de la puissance de la source ; dans ce dernier cas, si le mouvement possible de l'opérateur est trop lent, tout sera fourni par la source.

Sens de la force électromotrice induite. — Un certain circuit se déplaçant dans un champ, nous savons calculer *en valeur absolue* l'expression de la *force électromotrice induite*, mais il nous reste à fournir des précisions sur le sens de cette force électromotrice.

1re *méthode.* — Choisissons un sens de circulation positif du circuit, (fig. 6) ; par exemple, admettons de compter les courants positivement dans le sens ABC, négativement en sens inverse ; ce circuit aura dès lors une face positive et une face négative, la face négative étant celle qui se trouve à la droite de l'observateur d'Ampère couché le long du courant, la face tournée vers l'intérieur du circuit ; dans le cas de la figure, la face négative serait à l'avant. Nous désignerons par Φ la valeur du flux qui traverse le circuit, ce flux étant compté avec le signe positif, s'il pénètre par la face négative, avec le signe négatif dans l'hypothèse contraire. La force électromotrice d'induction sera représentée en grandeur et en signe par l'expression $-\dfrac{d\Phi}{dt}$; cette force électromotrice donnera naissance à un courant positif, si elle est positive, à un courant négatif, dans le cas contraire.

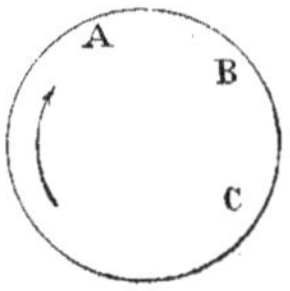

Fig. 6.

2° *Méthode.* — Nous pouvons encore fixer le sens positif sur le circuit de façon à ce que le flux traversant pénètre toujours par la face négative de ce circuit; ainsi, dans la figure 7, le sens positif du courant devrait être celui de la flèche F. Si le flux diminue, $-\frac{d\Phi}{dt}$ augmente, la force électromotrice sera dirigée dans le sens de la flèche, c'est-à-dire sera susceptible de donner naissance à un

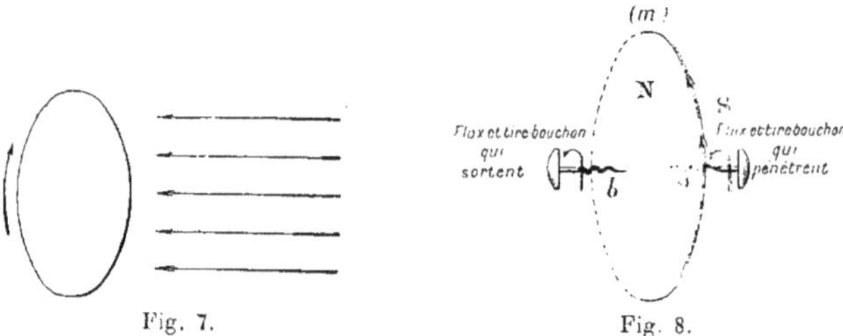

Fig. 7.   Fig. 8.

courant positif; si, au contraire, le flux augmente, toutes nos conclusions seront inversées.

Maxwell a donné une règle mnémonique, dite *règle du tire-bouchon de Maxwell* permettant de distinguer immédiatement le sens positif à choisir sur le circuit considéré : Si l'on dispose un tire-bouchon tournant en avançant dans le sens du flux, le sens de rotation de ce tire-bouchon sera le sens positif du circuit (fig. 8). Autrement dit : *Le sens de rotation et le sens de progression d'un tire-bouchon sont solidaires l'un de l'autre, comme les sens de circulation d'un courant sur un circuit et de la traversée du flux à travers ce même circuit; ce, aussi bien lors de la pénétration que lors de la sortie.* La règle de Maxwell peut s'énoncer de la façon suivante : *La force électromotrice est orientée dans le sens de la rotation d'un tire-bouchon enfoncé dans le sens des lignes de force, lorsque le flux décroît; elle est orientée en sens inverse, quand le flux croît.*

3° *Méthode.* — En appliquant la loi de Lenz, on aura immédiatement une règle simple pour la détermination du sens de la force électromotrice : le sens de cette force électromotrice d'induction est toujours tel que cette force électromotrice tend, par ses effets électromagnétiques, à s'opposer au mouvement qui l'engendre.

Fleming a illustré cette dernière règle par une méthode mnémotechnique, dite *règle des trois doigts*, applicable, si on se sert de la *main gauche*, à la force électromotrice d'induction, tandis qu'avec l'aide de la *main droite*, elle l'est aux phénomènes électromagnétiques. Nous donnons une double représentation de cette règle *des trois doigts* (fig. 9).

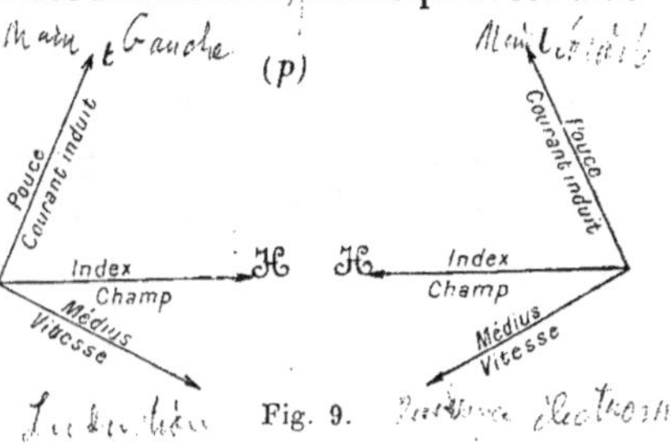

Fig. 9.

Règle pour déterminer la force électromotrice induite. — On disposera les deux doigts suivants de la main gauche :

a) *Le médius dans le sens du déplacement de l'élément;*

b) *L'index dans le sens positif du champ.*

Enfin le pouce parallèlement à l'élément. Le courant induit (ou la force électromotrice) aura pour direction positive le sens indiqué par le pouce.

Règle pour déterminer la puissance électromagnétique. — On disposera les deux doigts suivants de la main droite :

a) *Le pouce dans le sens du courant moteur;*

b) *L'index dans le sens du champ.*

Enfin le médius parallèlement au déplacement. Le sens positif de ce déplacement sera celui indiqué par le médius.

J.-B. Dumas fit remarquer que *les deux phénomènes sont schématiquement représentés par deux dessins dont l'un serait l'image de l'autre dans un miroir.*

Équation générale de l'induction. — Reprenons la formule A déjà établie, page 7 :

$$E.I.dt = RI^2.dt + Id\Phi,$$

et analysons $d\Phi$; le flux Φ peut se décomposer en deux :

1° Le flux extérieur Φ_e,

2° Le flux propre du courant, $\mathcal{L}I$.

Et ainsi :

$$\Phi = \mathcal{L}.I + \Phi_e,$$

d'où :

$$d\Phi = \mathcal{L}.dI + d\Phi_e.$$

et, comme conséquence :

$$E = R.I + \mathcal{L}\frac{dI}{dt} + \frac{d\Phi_e}{dt}.$$

Or, les expériences de Faraday nous ont démontré que cette équation s'appliquait, *même si E s'annule*, et la formule générale de l'induction devient, dans cette hypothèse :

$$0 = RI + \mathcal{L}\frac{dI}{dt} + \frac{d\Phi_e}{dt} ;$$

Si Φ_e est fourni par des circuits fixes en lesquels des courants $I_1, I_2, I_3,\dots I_n$ circulent, nous aurons, en appelant $M_1, M_2, M_3\dots M_n$ les coefficients d'induction mutuels de chacun de ces circuits relativement au circuit de self-induction $\mathcal{L}$:

$$\Phi_e = \sum_{\nu=n}^{\nu=1} M_p I_p,$$

et la formule générale de l'induction prendra la forme :

$$0 = RI + \mathcal{L}\frac{dI}{dt} + \frac{d(M_1 I_1)}{dt} + \frac{d(M_2 I_2)}{dt} + \dots + \frac{d(M_n I_n)}{dt}.$$

Si même, nous supposons que le circuit considéré se déforme dans son déplacement, nous aurons alors comme formule plus générale encore exprimant le phénomène :

$$0 = RI + \frac{d}{dt}(\mathcal{L}\,I) + \frac{d}{dt}(M_1 I_1) + \frac{d}{dt}(M_2 I_2) + \dots + \frac{d}{dt}(M_n I_n).$$

Calcul de la quantité d'électricité que le courant induit met en circulation. — Reprenons la formule de l'induction en supposant que $d\Phi_e$ est due au déplacement limité relatif du circuit dans le champ :

$$0 = RI + \frac{d}{dt}(\mathcal{L}I) + \frac{d\Phi_e}{dt}$$

que nous pourrons encore écrire sous la forme :

$$RI.dt = - [d(\mathcal{L}I) + d\Phi_e].$$

Intégrons pendant le temps τ du déplacement limité, en remarquant que :

$$\int_0^\tau \mathrm{I}\,dt = q\,; \qquad \int_0^\tau d\,(\mathcal{L}\mathrm{I}) = (\mathcal{L}\mathrm{I})_\tau - (\mathcal{L}\mathrm{I})_0 = 0\,; \qquad \int_0^\mathrm{T} d\Phi_e = \Phi_\tau - \Phi_0.$$

Dans ces formules q est la quantité totale d'électricité mise en circulation; la seconde intégrale est nulle, car le déplacement étant limité, le circuit part du repos relativement au champ à l'origine du temps pour atteindre le repos à l'époque τ; le courant est donc nul au commencement et à la fin du phénomène d'induction, de sorte que :

$$\mathrm{R}\,.\,q = \Phi_0 - \Phi_\tau.$$

Ce qu'on exprime de la manière suivante : *La quantité totale d'électricité, mise en circulation dans un circuit induit, est égale au quotient de la variation totale de flux traversant le circuit par la résistance du circuit.*

Il est intéressant de constater que cette quantité totale d'électricité ne dépend ni du temps, ni de la self-induction, ni de la loi qui a présidé au déplacement.

Remarque au sujet des unités choisies implicitement. — L'expression :

$$e = -\frac{d\Phi}{dt}$$

suppose bien évidemment l'emploi des unités C. G. S.; or, nous avons dit, fasc. II, page 7, que le volt valait 10^8 unités C. G. S., de sorte que la force électromotrice, évaluée en volts, sera exprimée par un nombre 10^8 fois plus petit. La formule à appliquer dans la pratique sera donc

$$e = -\frac{\Delta\Phi}{10^8 \times \Delta t},$$

en laquelle

e est exprimé en volts,
$\Delta\Phi$ en maxwells
Δt en seconde.

Application des lois de l'induction au disque de Faraday utilisé comme générateur. — Relions les deux balais Q et P frottant (fig. 10) l'un sur l'axe, l'autre sur la circonférence du disque par un fil de résistance R, puis imprimons à ce disque un mouvement de rotation de vitesse constante ω. Soit $\mathcal{H}$ la composante du champ normale au disque, r le rayon de ce disque; soit α l'angle très petit que forment les rayons aboutissant aux extrémités du contact P sur le disque; le temps Δt mis par un rayon pour balayer cet angle α est donné par l'expression :

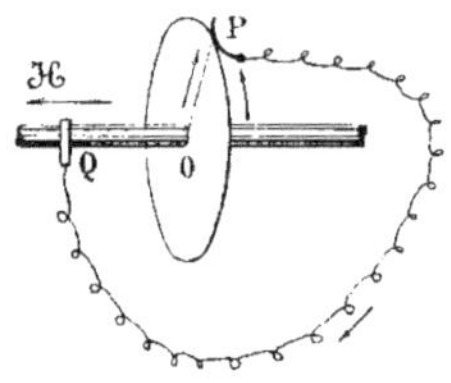

Fig. 10.

$$\alpha = \omega.\Delta t,$$

l'aire balayée par ce rayon pendant Δt est $\dfrac{\alpha.r^2}{2}$, le flux balayé $\Delta\Phi$ pendant Δt est donc :

$$\Delta\Phi = \frac{\mathcal{H}.\alpha.r^2}{2} = \frac{\mathcal{H}.\omega.r^2.\Delta t}{2},$$

il en résulte que la force électromotrice est :

$$e = \frac{\mathcal{H}.\omega.r^2}{2},$$

or, si N est le nombre de tours par seconde, S la surface du disque, T la durée d'une révolution, nous aurons :

$$\omega = \frac{2\pi}{T} = 2\pi.N, \qquad S = \pi r^2,$$

de sorte que :

$$e = \mathcal{H}.N.S,$$

Cette différence de potentiel est constante et assigne, pour le courant I, la valeur suivante :

$$I = \frac{\mathcal{H}.N.S}{R}.$$

Si nous nous donnons S = 50 décimètres carrés, N = 100 et $\mathcal{H}$ = 200 gauss, soit 1.000 fois l'intensité horizontale du magnétisme terrestre, nous aurons :

$$e = 200 \times 5.000 \times 100.\text{C.G.S}$$
$$= 10^8.\text{C.G.S, c'est-à-dire 1 volt.}$$

Le disque de Faraday a été examiné au fascicule IV comme moteur. Nous voyons qu'il peut fonctionner comme générateur de courant continu, c'est un exemple de la réversibilité d'un organisme électrique.

Sur la figure, on se rendra compte facilement, par la règle de Fleming, de l'exactitude du sens adopté pour le courant.

Le lecteur pourra rechercher la solution du problème suivant : Un train de chemin de fer roule à la vitesse de 90 kilomètres à l'heure, le déplacement des essieux dans le champ magnétique terrestre détermine entre les deux rails une différence de potentiel qu'on demande de calculer, sachant que la composante verticale du champ a pour intensité $Z = 0,425$ C.G.S.

Mesure de l'intensité d'un champ magnétique par la quantité d'électricité induite dans un circuit. — Nous supposons que le champ uniforme soit assez étendu pour qu'une bobine CC′, pratiquement très plate, puisse pivoter sur elle-même (fig. 11); l'axe de rotation XY ayant la direction d'un diamètre normal à la direction du champ, nous admettrons que les extrémités du fil communiquent

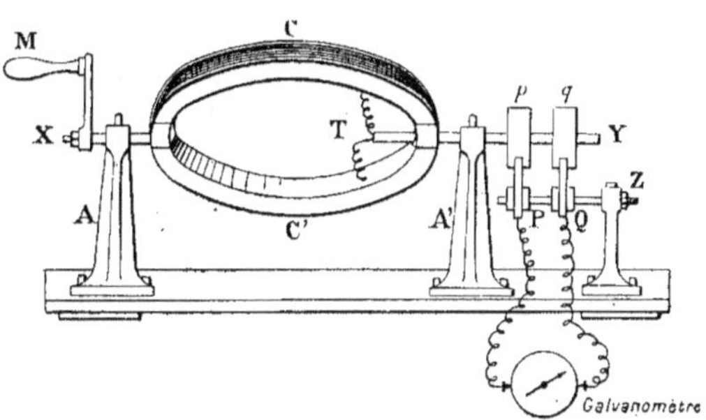

Fig. 11.

avec un galvanomètre balistique, grâce à des balais P et Q frottant sur des contacts glissants p et q.

Soient $\mathcal{H}$ l'intensité du champ et R la résistance du circuit complet; si nous faisons effectuer à la bobine, contenant N spires et de surface moyenne S, une demi-révolution comptée à partir de la position de sa face orthogonale sur la direction du champ, le flux Φ qui traverse S passe d'abord de la valeur $\mathcal{H}.S.N$ à 0, puis de 0 à $-\mathcal{H}.S.N$.

La variation de ce flux est donc $2.\mathcal{H}.S.N$, de sorte que nous avons pour quantité d'électricité induite :

$$q = \frac{2.\mathcal{H}.S.N}{R}.$$

Si la révolution a lieu en un temps très court, la quantité d'électricité parcourt le circuit et le galvonomètre à la manière d'une décharge instantanée. Le couple *instantané appliqué* à l'équipage mobile, du fait du courant de décharge, est de la forme G.I; G est ici une constante dépendant du galvanomètre et i la valeur instantanée de la décharge. Nous avons examiné (p. 12, fasc. IV) ce cas d'un couple initial instantané, et ce que nous avons appelé Φ (t) n'est autre que GI, on a donc :

$$K u = \int G.I.dt = G \int dq = G.q,$$

Dans cette formule, K est le moment d'inertie de l'équipage mobile, u l'impulsion correspondant à la décharge q. Si nous rechargeons un condensateur, de capacité connue C, sous une différence de potentiel continue et connue V, puis que nous le déchargions dans le même galvanomètre, nous obtiendrons une impulsion u_0 donnée par la relation :

$$K u_0 = G.C.V,$$

c'est-à-dire :

$$\frac{u}{u_0} = \frac{q}{C.V},$$

Si nous appelons θ'_1 et θ'_3 les deux premières élongations impaires lues sur le galvanomètre relativement à la première décharge, nous aurons :

$$u = \frac{2\pi}{T}\left(\theta_1 + \frac{\theta_3 - \theta_1}{4}\right),$$

Si θ_1 et θ_3 sont les deux premières élongations impaires lues sur le galvanomètre relativement à la deuxième décharge, nous aurons :

$$u_0 = \frac{2\pi}{T}\left(\theta'_1 + \frac{\theta'_3 - \theta'_1}{4}\right),$$

et ainsi :

$$\frac{u}{u_0} = \frac{\theta_1 + \dfrac{\theta_1 - \theta_3}{4}}{\theta'_1 + \dfrac{\theta'_1 - \theta'_3}{4}} = \frac{q}{C.V},$$

En égalant les valeurs de q obtenues successivement, nous aurons :

$$C \times V \times \frac{\theta_1 + \dfrac{\theta_1 - \theta_3}{4}}{\theta'_1 + \dfrac{\theta'_1 - \theta'_3}{4}} = 2\,\frac{\mathcal{K}.S.N}{R},$$

donc :

$$\mathcal{K} = \frac{C.V.R}{2.S.N} \times \frac{\theta_1 + \dfrac{\theta_1 - \theta_3}{4}}{\theta'_1 + \dfrac{\theta'_1 - \theta'_3}{4}}.$$

Une méthode, dérivée de la précédente, permet de mesurer, en ses divers points, l'intensité d'un champ variable à l'aide d'une toute petite bobine mobile autour d'un axe contenu en son plan. Après avoir placé la bobine de façon que son plan soit perpendiculaire à la direction du champ, on la fera tourner brusquement d'un angle π, puis on mesurera le courant de décharge. Si $\mathcal{K}$ est l'intensité du champ, on aura :

$$\mathcal{K} = \frac{q.R}{2.S.N}.$$

Une difficulté provient de la mesure de S qui peut laisser des incertitudes ; on évitera cette mesure en déterminant la décharge fournie par la petite bobine dans un champ connu, qui pourra être le champ terrestre.

Inclinomètre de Weber pour la détermination de l'inclinaison. Courants telluriques. — Si nous déplaçons une bobine dans l'espace, sa translation dans le champ terrestre produira un courant induit dans le circuit, à moins que le déplacement ne soit parallèle à la face de la bobine. Ces courants sont, depuis Faraday, appelés courants telluriques.

Reprenons l'appareil représenté par la figure 11, et disposons-le, une première fois de façon que sa face soit normale à la composante horizontale H du champ terrestre, l'axe étant horizontal évidemment; puis faisons brusquement pivoter cette bobine de 180°, nous obtiendrons la valeur de H comme il a été indiqué précédemment.

Ceci fait, disposons la face de la bobine horizontalement, faisons ensuite brusquement pivoter cette bobiue de 180°, nous aurons la valeur de la composante verticale Z du champ terrestre; l'inclinaison I sera donnée par la formule :

$$tg\, I = \frac{Z}{H}.$$

Cette méthode pour déterminer l'inclinaison a été employée par Weber, et l'appareil que, schématiquement, la figure 11 représente, s'appelle *inclinomètre de Weber*.

CHAPITRE II

Induction. — Théorie du phénomène.

(*Suite.*)

Circuit possédant une force électromotrice constante. Période variable de mise en route. Extra-courant de fermeture. Constante de temps. — Considérons un circuit de résistance R, dont le coefficient de self-induction $\mathcal{L}$ est constant; supposons que, dans ce circuit, existe une pile de force électromotrice E.

Si le *circuit a de la self-induction*, lorsque le courant aura la valeur que lui assigne la loi d'Ohm, la source aura fourni la quantité d'énergie nécessaire à la création du champ que le courant détermine. Cette fourniture d'énergie au milieu environnant ne saurait s'effectuer instantanément, ce qui serait contraire au principe de continuité physique, mais elle exige un temps fini pour se livrer; autrement dit, le courant n'atteint pas instantanément la valeur qu'indique la loi d'Ohm, mais il doit passer par toutes les grandeurs depuis 0 à la valeur normale du régime permanent; c'est pendant cette période que la source fournit au milieu environnant l'énergie nécessaire pour la constitution du champ.

Pendant cet intervalle de temps appelé *période variable*, nous aurons, en désignant par I la valeur instantanée du courant :

$$E = RI + \mathcal{L}\frac{dI}{dt},$$

Or, nous pouvons poser $E = R.I_0$, l'équation devient alors :

$$R(I - I_0) + \mathcal{L}\frac{d(I - I_0)}{dt} = 0,$$

car la dérivée $\frac{dI_0}{dt} = 0$, puisque I_0 est une constante.

La solution (1) de cette équation est :

$$I = \frac{E}{R}\left(1 - e^{-\frac{R}{\mathcal{L}}t}\right).\qquad\text{(A)}$$

L'expression $e^{-\frac{R}{\mathcal{L}}t}$ est rapidement évanouissante, de sorte que I prend rapidement une valeur infiniment peu différente de celle que la loi d'Ohm lui assigne, c'est-à-dire $\frac{E}{R}$.

L'expression $\frac{\mathcal{L}}{R}$ est homogène à un temps, elle a reçu le nom de *constante de temps*. La partie soustractive de la formule :

$$\frac{E}{R}\, e^{-\frac{R}{\mathcal{L}}t}$$

est ce qu'on appelle *l'extra-courant de fermeture*, il est toujours de sens contraire au courant principal.

Si on représente la variation du courant en fonction du temps à l'aide d'une courbe, on vérifie que cette courbe (fig. 12), s'élève rapidement à partir de l'origine, pour atteindre le proche voisinage d'une asymptote parallèle à l'axe des temps. La courbe, aux environs de l'origine, se confond avec la droite $I = \frac{E}{\mathcal{L}}t$, comme le montre nettement un développement ci-dessous; cette forme de la courbe à l'origine indique qu'immédiatement après la fermeture du circuit, c'est la *self-induction qui est prépondérante* et que la résistance a alors peu d'influence.

---

(1) Posant $u = I - I_0$, nous avons :

$$\frac{du}{u} = -\frac{R}{\mathcal{L}}\, dt,$$

ou encore :

$$K u = e^{-\frac{R}{\mathcal{L}}t},$$

pour

$$t = 0,\ I = 0 \quad \text{et} \quad -u = I_0 = \frac{E}{R},$$

donc :

$$K I_0 = -1 \quad \text{et} \quad -u = \frac{E}{R}\, e^{-\frac{R}{\mathcal{L}}t},$$

par suite :

$$I = \frac{E}{R}\left(1 - e^{-\frac{R}{\mathcal{L}}t}\right).$$

Chaque fois que, dans l'évolution d'un phénomène physique, on se trouve en présence d'un déboursé énergétique *irréversible*, telle la dépense dûe au frottement, et, d'autre part, en présence d'une variation énergétique *réversible*, telle la dépense dûe aux effets élastiques, on pourra prendre ce phénomène pour servir de termes ana-

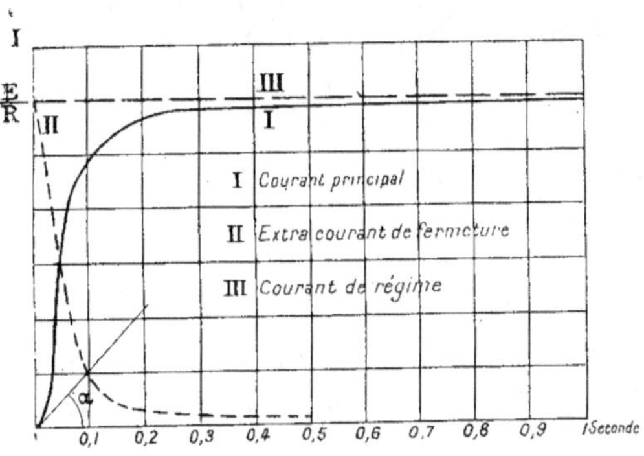

Fig. 12.

logique à ce qui se passe dans un circuit présentant de la résistance et de la self-induction.

Par exemple, un cheval traîne un lourd charroi sur une route défoncée, en tirant sur un palonnier constitué comme sont les ressorts de voiture ; au démarrage, le premier effort est absorbé par la tension du palonnier ; au moment où le régime est établi, l'action élastique du palonnier est nulle à son tour, sauf cependant lorsque des ressauts se présentent ; si le cheval s'arrête, l'énergie de bandage du ressort se trouve restituée au charroi.

La formule (A) peut se développer :

$$I = \frac{E}{R}\left(\frac{R}{L}t - \frac{R^2}{L^2}\frac{t^2}{1.2} + \frac{R^3}{L^3}\frac{t^3}{1.2.3} - \cdots\right) = \frac{Et}{L} - \frac{E.R}{L^2}\frac{t^2}{1.2} + \frac{E.R^2}{L^3}\frac{t^3}{1.2.3} - \cdots,$$

on voit sur cette formule que lorsque t est très petit, I se réduit bien à $\frac{Et}{L}$.

Calculons la quantité d'électricité qui traverse le circuit pendant le temps t suffisamment étendu pour comprendre la période variable, nous avons :

$$q = \int_0^t \mathrm{I}\,dt = \frac{\mathrm{E}}{\mathrm{R}} \int_0^t \left(1 - e^{-\frac{\mathrm{R}}{\mathcal{L}}t}\right) dt = \frac{\mathrm{E}}{\mathrm{R}} \left(t - \frac{\mathcal{L}}{\mathrm{R}}\right) + \frac{\mathrm{E}}{\mathrm{R}} \frac{\mathcal{L}}{\mathrm{R}} e^{-\frac{\mathrm{R}}{\mathcal{L}}t};$$

lorsque t croît, le deuxième terme devient rapidement évanouissant et, au bout d'un temps très court, nous avons simplement :

$$q = \frac{\mathrm{E}}{\mathrm{R}} t - \frac{\mathrm{E}\mathcal{L}}{\mathrm{R}^2},$$

si, instantanément après la fermeture, le courant avait pris la valeur $\frac{\mathrm{E}}{\mathrm{R}}$ que la loi d'Ohm lui assigne en régime permanent, l'expression $\frac{\mathrm{E}}{\mathrm{R}} t$ représenterait la quantité d'électricité qui traverserait le circuit pendant le temps t; par conséquent, le terme $\frac{\mathrm{E}.\mathcal{L}}{\mathrm{R}^2}$ est la quantité d'électricité due à l'*extra courant de fermeture*.

Travail pendant la période variable. Energie intrinsèque. — Le travail absorbé par le circuit pendant la période variable t sera donné par la loi de Joule :

$$\mathrm{W_J} = \int_0^t \mathrm{R}.\mathrm{I}^2\,dt = \frac{\mathrm{E}^2}{\mathrm{R}} \int_0^t \left(1 - e^{-\frac{\mathrm{R}}{\mathcal{L}}t}\right)^2 dt,$$

ou encore :

$$\mathrm{W_J} = \frac{\mathrm{E}^2}{\mathrm{R}} \int_0^t \left(1 - 2e^{-\frac{\mathrm{R}}{\mathcal{L}}t} + e^{-\frac{2\mathrm{R}}{\mathcal{L}}t}\right) dt,$$

$$= \frac{\mathrm{E}^2}{\mathrm{R}} t + 2\frac{\mathrm{E}^2}{\mathrm{R}} \cdot \frac{\mathcal{L}}{\mathrm{R}} \left(e^{-\frac{\mathrm{R}}{\mathcal{L}}t} - 1\right) - \frac{\mathrm{E}^2}{\mathrm{R}} \cdot \frac{\mathcal{L}}{2\mathrm{R}} \left(e^{-\frac{2\mathrm{R}}{\mathcal{L}}t} - 1\right),$$

en prenant t suffisamment grand, nous aurons, à un infiniment petit près :

$$\mathrm{W_J} = \frac{\mathrm{E}^2}{\mathrm{R}} \left(t - \frac{3}{2}\frac{\mathcal{L}}{\mathrm{R}}\right),$$

mais, nous avons vu que la pile fournissait, dans les mêmes conditions, une quantité d'électricité égale à :

$$\frac{\mathrm{E}}{\mathrm{R}} \left(t - \frac{\mathcal{L}}{\mathrm{R}}\right),$$

c'est-à-dire que l'énergie totale fournie par la pile a pour valeur :

$$W = \frac{E^2}{R}\left(t - \frac{\mathcal{L}}{R}\right);$$

formons :

$$W - W_J = \frac{1}{2}\frac{E^2}{R}\frac{\mathcal{L}}{R} = \frac{1}{2}\frac{E^2}{R^2}\mathcal{L} = \frac{\mathcal{L}I_0^2}{2};$$

c'est cette dernière énergie qui a été fournie par la pile, sans être gaspillée en effet Joule dans le circuit, qui *représente l'énergie fournie par la pile pour la création du champ*. Cette énergie emmagasinée à l'état potentiel par le milieu soumis au champ se nomme *énergie intrinsèque du circuit*, comme nous l'avons déjà vu en électro magnétisme.

Extra-courant de rupture. — Au moment du commencement de la rupture, une étincelle se produit indiquant que, pendant un temps, très court évidemment, le circuit reste fermé par une résistance variable, mais inconnue, formée à travers le diélectrique. Cette durée de rupture et la variation de la résistance dépendent d'une multitude de conditions, dont les principales sont la nature et l'étendue des surfaces sur lesquelles la rupture a lieu, ainsi que la brusquerie d'arrachement des pièces en regard dans l'interrupteur.

Nous pouvons, par exemple, admettre que, dans l'intervalle de temps 0 à $\frac{1}{100}$ seconde, la résistance ρ du circuit ait varié de R à ∞ suivant une loi hyperbolique de la forme :

$$\left(t - \frac{1}{100}\right)(\rho - \lambda t - 101.R) = R, \qquad (1)$$

dans ces conditions, nous aurons à appliquer au circuit à résistance variable la loi générale de l'induction :

$$E = \rho I + \mathcal{L}\frac{dI}{dt}, \qquad (2)$$

dans laquelle ρ est une fonction de t définie par (1). On voit que **cette** hypothèse, cependant *très simple*, entraînera déjà une complexité assez grande pour la recherche de la valeur instantanée de I, dans l'intervalle $\left| 0 \text{ à } \frac{1}{100} \text{ seconde}\right|$, l'origine du temps étant pris à partir du moment où ρ varie à partir de la valeur R.

Toutefois, reprenons la relation (2) ci-dessus établie, et cherchons les diverses énergies mises en jeu pendant la période t de rupture, nous aurons :

$$E \int_0^t I\, dt = \int_0^t \rho\, I^2\, dt + \mathcal{L} \int_0^t I\, dI,$$

or, le premier membre représente l'énergie *fournie* par la pile, le deuxième terme du second membre est égal $\dfrac{-\mathcal{L} I_0^2}{2}$; c'est l'énergie intrinsèque du circuit changée de signe nécessaire à la formation du champ que I détermine, enfin $\int_0^t \rho\, I^2\, dt$ est l'énergie gaspillée en échauffement dans la résistance variable ρ. Et ainsi nous avons :

Énergie intrinsèque $+$ Énergie de pile $=$ Énergie gaspillée dans les résistances.

Ceci domine le phénomène, *c'est la loi qui existe toujours quel que soit le mode de variation de ρ et la façon dont s'est faite la rupture ;* elle exprime que l'énergie empruntée à la source, lors de l'établissement du courant pour la formation du champ, doit être remboursée par le milieu, lorsque le champ cesse d'exister.

La durée t de l'extra-courant de rupture est très courte le plus généralement. La force électromotrice moyenne :

$$\frac{1}{t} \times \frac{\left(\dfrac{\mathcal{L} I_0^2}{2}\right)}{\dfrac{I_0}{2}} = \frac{\mathcal{L} I_0}{t}$$

peut être ainsi considérable ; ceci explique la violence de certaines étincelles de rupture de circuit ayant un fort coefficient de self-induction.

Considérons le cas particulier suivant : *Un circuit se déplace dans un champ de façon à produire une force électromotrice constante, brusquement on supprime le champ et conséquemment la force électromotrice dans le circuit toujours fermé, on demande l'allure du phénomène qui va se produire.*

Si R et $\mathcal{L}$ sont la résistance et le coefficient de self-induction du circuit, nous aurons, au cours de la période d'évanouissement du courant, la relation :

$$0 = RI + \mathcal{L} \frac{dI}{dt},$$

et :

$$I = K e^{-\frac{R}{\mathcal{L}} t},$$

comme pour :

$$t = 0 \qquad I = \frac{E}{R}$$

nous obtenons :

$$I = \frac{E}{R} e^{-\frac{R}{\mathcal{L}} t}.$$

On retrouve ainsi même pour extra-courant d'ouverture, la forme du courant d'extra-courant de fermeture.

Décharge dans un cas particulier. — Considérons un circuit composé comme l'indique la figure 13. Une pile E débite, par l'intermédiaire de fils de résistance négligeable, dans une dérivation entre deux points D et D′, dérivation composée d'une résistance r' non inductive (ou ayant un coefficient de self négligeable) et une résistance r inductive dont le coefficient de self est $\mathcal{L}$.

Au moment de la fermeture de la clé C, il se produit un emmagasinage d'energie du fait de la self-induction, énergie destinée à assurer la formation du champ qui occasionne le circuit parcouru par un courant.

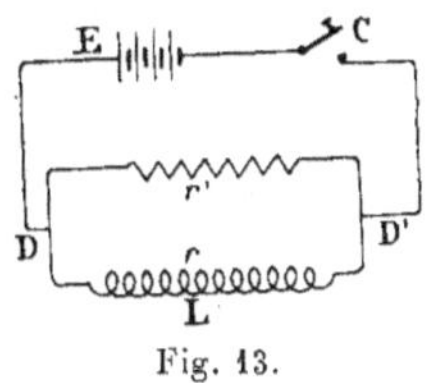

Fig. 13.

Au moment de l'ouverture de la clé C, cette énergie, rendue libre par la disparition du champ, se déchargera dans le circuit composé des deux boucles. Pour calculer la valeur de la quantité q d'électricité mise en mouvement pendant cette courte période, nous remarquerons d'abord que le flux qui traversait les spires de la résistance inductive est $\mathcal{L} i_0$, i_0 étant le courant permanent dans la branche inductive, sa valeur est $\frac{E}{r}$; or, dans le circuit formé par les deux dérivations, nous avons, en appelant i le courant instantané :

$$0 = (r + r') i + \mathcal{L} \frac{di}{dt},$$

ou encore :

$$0 = (r + r') dq + \mathcal{L} di,$$

et, en intégrant pendant la période variable :

$$q = -\frac{\mathcal{L}i_0}{r + r'},$$

c'est-à-dire que la quantité q cherchée est le quotient du flux par la résistance totale.

Invariance de signe de $\mathcal{L}\mathcal{L}' - M^2$. — Si nous avons deux circuits dont les coefficients de self sont respectivement $\mathcal{L}$ et $\mathcal{L}'$ et dont le coefficient d'induction mutuelle est M, nous savons que l'énergie fournie par les sources au champ électromagnétique est :

$$W = \frac{1}{2}(\mathcal{L}I^2 + 2MII' + \mathcal{L}'I'^2),$$

dans cette formule, I est le courant dont le premier circuit est le siège, I′ est le courant dont le deuxième circuit est le siège.

Or, W est *physiquement* toujours positif, c'est-à-dire qu'il n'existe aucune valeur réelle de $\frac{I}{I'}$ qui rende négative, ou nulle, l'expression entre parenthèses; comme $\mathcal{L}$ et $\mathcal{L}'$ sont positifs, nous savons qu'il faut, pour satisfaire à cette condition, que :

$$M^2 - \mathcal{L}\mathcal{L}' \leqq 0,$$

ou encore :

$$\mathcal{L}\mathcal{L}' - M^2 \geqq 0.$$

Nous pouvons nous rendre compte autrement de cette condition. Supposons les deux circuits parcourus chacun par le courant unité, le flux total que crée ainsi le premier circuit est $\mathcal{L}$, la part de ce flux qui traverse le deuxième circuit est M, donc :

$$\mathcal{L} \geqq M,$$

de même :

$$\mathcal{L}' \geqq M,$$

par conséquent :

$$\mathcal{L}\mathcal{L}' - M^2 \geqq 0,$$

ce que nous avions déjà démontré.

Démonstration expérimentale de Faraday relative aux extra-courants. — C'est à Faraday qu'est due la démonstration expérimentale de l'existence des extra-courants. Il faisait débiter une pile P dans le circuit d'une bobine B (fig. 14), en C était disposé un interrup-

teur permettant de fermer ou d'ouvrir le cir-cuit; en dérivation sur la bobine et sur la pile, il plaçait un galvanomètre de résistance no-table. En régime permanent, l'aiguille prenait la position *aa'* (fig. 15 et 16), sous l'influence du courant qui traverse la dérivation. Ayant ouvert la clé C, Faraday fixait l'aiguille avec un petit buttoir, comme l'indique la figure 15, afin d'empêcher celle-ci de revenir au zéro ; si alors, il fermait la clé C, l'aiguille était projetée au-delà de la position *aa'*, ce qui indiquait

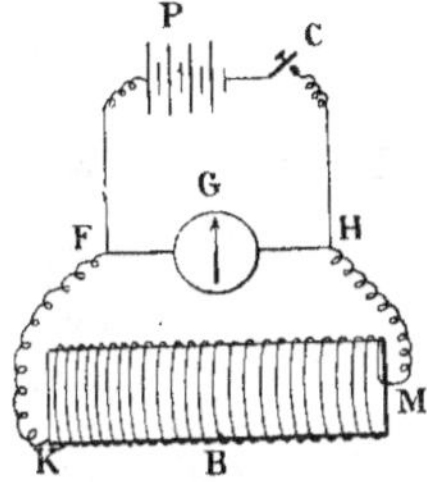

Fig. 14.

qu'un extra-courant venait dans la *dérivation* HF s'ajouter au courant principal qui circule normalement dans cette dérivation. Or, ce courant supplémentaire est un effet de la self-induction de la bobine, puisqu'une bobine de résistance non inductive ne pro-

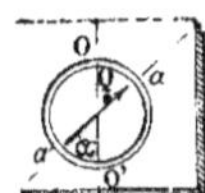 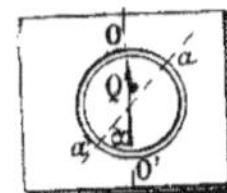

Fig. 15.   Fig. 16.

duirait pas le phénomène décrit: or, ce cou-rant a la direction MHFK, il circule donc dans la bobine en sens inverse de celui du courant principal.

Le courant normal étant établi, Faraday ramenait l'aiguille au zéro, il la maintenait en cette position par un buttoir Q comme la figure 16 l'indique. Ayant ouvert la clé C, Faraday constatait le lancé de l'aiguille à gauche du buttoir ; par un raisonnement calqué sur le précédent, on déduirait qu'un courant supplémen-taire a pris naissance dans B, au moment de l'ouverture du circuit et, de plus, que ce courant est de même sens que le courant prin-cipal.

Action de deux circuits siège chacun d'une force électro-motrice constante. — Soient E la force électromotrice du 1ᵉʳ cir-cuit, R, $\mathcal{L}$ la résistance et le coefficient de self-induction de ce même circuit, I le courant qui le traverse; soient E', R', $\mathcal{L}'$ et I' la force électromotrice, la résistance, la self-induction et le courant relatifs au deuxième circuit, nous avons, en appelant M le coefficient d'in-duction mutuelle :

$$\left\{ \begin{aligned} & E = RI + \mathcal{L}\frac{dI}{dt} + M\frac{dI'}{dt}, && (1) \\ & E' = RT' + \mathcal{L}'\frac{dI'}{dt} + M\frac{dI}{dt}. && (2) \end{aligned} \right.$$

Différencions par rapport à t :

$$0 = R\frac{dI}{dt} + \mathcal{L}\frac{d^2I}{dt^2} + M\frac{d^2I'}{dt^2}, \qquad (3)$$

$$0 = R'\frac{dI'}{dt} + \mathcal{L}'\frac{d^2I'}{dt^2} + M\frac{d^2I}{dt^2}; \qquad (4)$$

Éliminons I' entre (1), (3) et (4), ce qui s'obtiendra en multipliant (1) par R', (3) par $\mathcal{L}'$ et (4) par $- M$ et ajoutant ensuite membre à membre, nous avons ainsi :

$$R'(RI - E) + (\mathcal{L}R' + R\mathcal{L}')\frac{dI}{dt} + (\mathcal{L}\mathcal{L}' - M^2)\frac{d^2I}{dt^2} = 0,$$

ou, en posant :

$$E = RI_0 \quad et \quad u = I - I_0,$$

et remarquant que :

$$\frac{dI_0}{dt} = \frac{d^2I_0}{dt^2} = 0,$$

nous aurons :

$$RR'u + (\mathcal{L}R' + R\mathcal{L}')\frac{du}{dt} + (\mathcal{L}\mathcal{L}' - M^2)\frac{d^2u}{dt^2} = 0. \qquad (5)$$

Si, au lieu d'éliminer I', nous avions éliminé I, nous aurions obtenu en posant :

$$I'_0 = \frac{E'}{R'}, \quad u' = I' - I'_0,$$

$$RR'u' + (\mathcal{L}R' + R\mathcal{L}')\frac{du'}{dt} + (\mathcal{L}\mathcal{L}' - M^2)\frac{d^2u'}{dt^2} = 0, \qquad (5')$$

c'est-à-dire la *même relation* (5).

Or, nous avons déjà vu (fasc. IV, pp. 3 et 4) que la solution générale de l'équation (5) est de la forme :

$$\left\{ \begin{aligned} & u = A\,e^{kt} + B\,e^{k't}, \\ & u' = A'\,e^{kt} + B'\,e^{k't}, \end{aligned} \right.$$

k et k' étant les racines de l'équation en z suivante :

$$RR' + (\mathcal{L}R' + R\mathcal{L}')z + (\mathcal{L}\mathcal{L}' - M^2)z^2 = 0, \qquad (6)$$

or, cette équation a ses deux racines réelles, puisque l'expression :

$$(\mathcal{L}R' + R\mathcal{L}')^2 - 4RR'(\mathcal{L}\mathcal{L}' - M^2) = (\mathcal{L}R' - R\mathcal{L}')^2 + 4M^2RR'$$

est essentiellement positive; de plus k et k' sont négatives, car nous avons vu que :

$$\mathcal{L}\mathcal{L}' - M^2 \geqq 0,$$

ces racines k et k' ont leur somme négative, mais leur produit est positif, elles sont donc négatives; en remplaçant u par $I - I_0$ et u' par $I' - I'_0$, nous aurons :

$$\begin{cases} I = I_0 + A\,e^{kt} + B\,e^{k't}, \\ I' = I'_0 + A'\,e^{kt} + B'\,e^{k't}, \end{cases} \tag{7}$$

A et B d'une part, A' et B' d'autre part étant des constantes numériques, on se rend ainsi compte que les courants I et I' se composent de deux parties : une est constante et l'autre *évanouissante rapidement* lorsque t augmente.

Les deux systèmes de constantes (A, B) et (A', B') ne sont pas indépendants. Écrivons, en effet, que la substitution dans (1) des valeurs de I fournies par (7) entraîne une identité, nous aurons :

$$AR + (\mathcal{L}A + MA')\,k = 0,$$
$$BR + (\mathcal{L}B + MB')\,k' = 0,$$

c'est-à-dire :

$$A' = -\,A\,\frac{R + \mathcal{L}k}{Mk}, \qquad B' = -\,B\,\frac{R + \mathcal{L}k'}{Mk'};$$

et, en substituant dans (7), nous obtiendrons :

$$\begin{cases} I = I_0 + A\,e^{kt} + B\,e^{kt}, \\ I' = I'_0 - \dfrac{R + \mathcal{L}k}{Mk}\,A\,e^{kt} - \dfrac{R + \mathcal{L}k'}{Mk'}\,B\,e^{k't}. \end{cases} \tag{8}$$

Si, au lieu de substituer dans (1), nous avions substitué dans (2) nous aurions obtenu les mêmes valeurs pour $\dfrac{A'}{A}$ et $\dfrac{B'}{B}$, mais sous une autre forme (1).

---

(1) En substituant dans (2) nous aurions obtenu :

$$A = -\,A'\,\frac{R' + \mathcal{L}k}{Mk},$$

nous vérifierons facilement que :

$$\frac{R + \mathcal{L}k}{Mk} = \frac{Mk}{R' + \mathcal{L}k'}$$

car cette relation se transforme en :

$$RR' + (\mathcal{L}R' + R\mathcal{L}')k + (\mathcal{L}\mathcal{L}' - M^2)k^2 = 0$$

qui n'est autre que l'équation (6) dont les racines sont k et k'.

Pour déterminer A et B, il nous faudra tenir compte des valeurs particulières que les conditions du problème fournissent. Par exemple, supposons que, le premier circuit étant au régime normal, c'est-à-dire étant parcouru par le courant I_0, nous venions à fermer le deuxième circuit siège d'une force électromotrice constante E', nous aurons alors, en prenant ce moment pour origine du temps, pour $t = 0$, $I = I_0$, $I' = 0$, par suite :

$$A + B = 0,$$
$$I_0 - \frac{R + \mathcal{L}k}{Mk} A - \frac{R + \mathcal{L}k'}{Mk'} B = 0 ;$$

nous en tirons :

$$A = - B = I'_0 \frac{M}{R} \times \frac{kk'}{k' - k},$$

les valeurs de kk' et de $k' - k$ nous sont fournies par la considération de l'équation (6), de sorte que :

$$A = - B = \frac{ME'}{\sqrt{(\mathcal{L}'R - R'\mathcal{L})^2 + 4M^2RR'}}.$$

les équations définitives deviennent donc :

$$\begin{cases} I = \dfrac{E}{R} + \dfrac{ME'}{\sqrt{(\mathcal{L}'R - \mathcal{L}R')^2 + 4M^2RR'}} (e^{kt} - e^{k't}), \\[4mm] I' = \dfrac{E'}{R'} - \dfrac{E'}{\sqrt{(\mathcal{L}'R - R\mathcal{L}')^2 + 4M^2RR'}} \left[\dfrac{R + \mathcal{L}k}{k} e^{kt} - \dfrac{R + \mathcal{L}k'}{k'} e^{k't} \right]. \end{cases}$$

Autre méthode pour analyser la question précédente. — Les équations (1) et (2) du paragraphe précédent peuvent se mettre sous la forme :

$$\begin{cases} I = \dfrac{E - \dfrac{d}{dt}(\mathcal{L}I + MI')}{R}, & (1') \\[5mm] I' = \dfrac{E' - \dfrac{d}{dt}(\mathcal{L}'I' + MI)}{R'}, & (2') \end{cases}$$

les circuits étant fixes, M est une constante, en multipliant (1)' et (2)' respectivement par $I\,dt$ et $I'\,dt$ et sommant, nous aurons :

$$(EI + E'I')\,dt - (RI^2 + R'I'^2)\,dt = \mathcal{L}.I.dI + M(I.dI' + I'.dI) + \mathcal{L}'.I'.dI',$$
$$= \frac{d}{dt}\left[\frac{1}{2}(\mathcal{L}I^2 + 2MII' + \mathcal{L}'I'^2) \right],$$

cette dernière égalité exprime que l'excès de l'énergie fournie par les piles sur l'énergie transformée en chaleur est égal à la variation de l'énergie potentielle totale des deux circuits.

Considérons le cas où, à l'origine du temps, le deuxième circuit étant fermé et sans force électromotrice ($E' = 0$), on ferme le premier circuit; alors la relation $(2)'$ donne :

$$R'.I'.dt = - \mathcal{L}.dI' - M.dI,$$

ou, en intégrant pendant la période variable t :

$$R'q'_1 = - \mathcal{L} \int_0^t dI' - M \int_0^l dI,$$

la première intégrale est nulle, car I' est nul au début et à la fin de la période variable, de sorte que :

$$q'_1 = - \frac{MI_0}{R'} = - \frac{M.E}{R.R'}.$$

Quand on ouvrira le circuit inducteur, on aura de même :

$$R'q'_2 = - \mathcal{L} \int_0^\infty dI' - M \int_0^\infty dI,$$

or, la première intégrale I' est nulle aux limites, mais la deuxième intégrale est égale à $-I_0$, de sorte que

$$q'_2 = \frac{MI_0}{R'} = \frac{M.E}{R.R'}.$$

Les quantités d'électricité induites, dans chaque cas, sont égales et de signes contraires.

Coefficients d'induction des bobines. — Considérons un circuit constitué par une bobine de section S *régulièrement* enroulée de n_1 spires par unité de longueur, si cette bobine *ne présente pas de fuite magnétique* et si n est le nombre total des spires enroulées, nous aurons, (fig. 17), pour valeur du champ à l'intérieur, lorsque le courant, dont le circuit de la bobine est le siège, sera égal à l'unité :

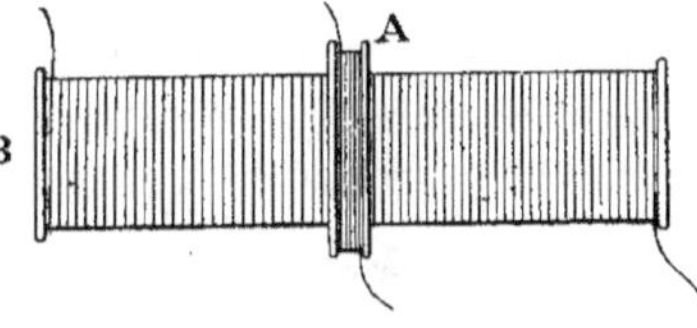

Fig. 17.

$$\mathcal{H} = 4\pi n_1,$$

le flux traversant une spire sera donc :

$$\mathcal{H}.S = 4\pi n_1 S,$$

le flux total traversant les n spires de la bobine, c'est-à-dire le coefficient de self-induction de cette bobine, sera donc :

$$\mathcal{L} = 4\pi n.n_1.S.$$

Si, autour de cette première bobine, nous disposons concentriquement une seconde bobine A de section S' *régulièrement* enroulée de n'_1 spires par unité de longueur et de n' spires au total, son coefficient de self-induction sera ainsi d'après ce que nous avons vu plus haut :

$$\mathcal{L}' = 4\pi n'n'_1 S'.$$

Pour calculer le coefficient d'induction mutuelle, dans l'hypothèse $S < S'$, nous remarquerons que tout le flux de A traverse B, et, dans ce cas, ce coefficient sera donné par l'expression :

$$M = 4\pi n_1 n' S.$$

Si les deux bobines, au lieu d'être droites, affectent la forme d'un tore de longueur moyenne l, si, de plus, les deux bobinages sont suffisamment resserrés l'un contre l'autre pour qu'il soit possible d'admettre l'égalité $S = S'$, nous aurons :

$$\mathcal{L} = \frac{4\pi n^2 S}{l}, \qquad \mathcal{L}' = \frac{4\pi n'^2.S}{l}, \qquad M = \frac{4\pi nn'S}{l};$$

dans ce cas très particulier, on vérifiera que :

$$\mathcal{L}\mathcal{L}' - M^2 = 0.$$

Le tore représente donc, pour les effets d'induction, une forme de bobinage de nature à retenir l'attention, car ce mode d'enroulement correspond à la valeur limite *minimum* de l'expression $\mathcal{L}\mathcal{L}' - M^2$. Ce bobinage se présente naturellement dans les applications, comme on aura l'occasion de le voir en divers fascicules.

Dans le cas où, à l'intérieur du tore B, règne un milieu de perméabilité μ, les formules précédentes deviendront, en appelant $\mathcal{R}$ la réluctance du milieu :

$$\mathcal{L} = \frac{4\pi.n^2.S.\mu}{l} = \frac{4.\pi.n^2}{\left(\dfrac{l}{\mu S}\right)}; \qquad \text{ou} \qquad \mathcal{L} = \frac{4.\pi.n^2}{\mathcal{R}},$$

$$\mathcal{L}' = \frac{4.\pi.n'^2}{\mathcal{R}} \qquad \text{et} \qquad M = \frac{4.\pi.n.n'}{\mathcal{R}}.$$

Cas plus général. — Supposons que la bobine B enveloppe, (fig. 17 *bis*), un long cylindre de fer doux PQ parallèlement disposé par rapport à l'axe de la bobine; soit I l'intensité du courant dans le circuit de la bobine B et S'' la section du cylindre.

Dans l'espace laissé libre de la bobine B, l'intensité du champ est $4\pi n_1 I$ et, à l'intérieur du cylindre, l'induction sera $\mu \times 4\pi n_1 I$. Le

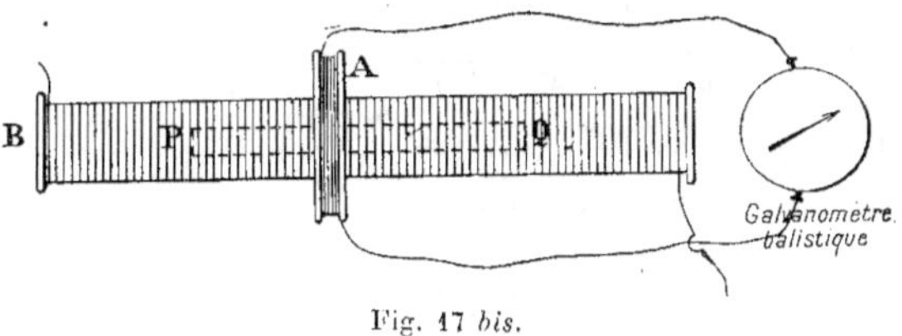

Fig. 17 *bis*.

flux total qui *traverse* les n' spires de la bobine plate A aura donc pour expression :

$$\Phi = 4 . \pi . n_1 . n' I (S - S'' + \mu S'').$$

Si nous plaçons le circuit de la bobine plate en série avec un galvanomètre balistique, nous pourrons, en renversant le courant dans la bobine, avoir la mesure de 2Φ, comme il a été indiqué à la page 15, on en pourra déduire par conséquent la valeur de μ. Sur cette remarque a été basée une méthode de mesure de la perméabilité.

Cas d'une capacité compensant l'effet d'une self-induction. — Considérons, entre deux points A et B d'un circuit, une différence de potentiel constante E, supposons cette partie du circuit composée comme la figure 18 l'indique : en particulier, R est une *résistance* non inductive et r une résistance inductive. Ceci posé, cherchons la condition pour que, au moment de la rupture *nette*, aucune décharge ne se produise.

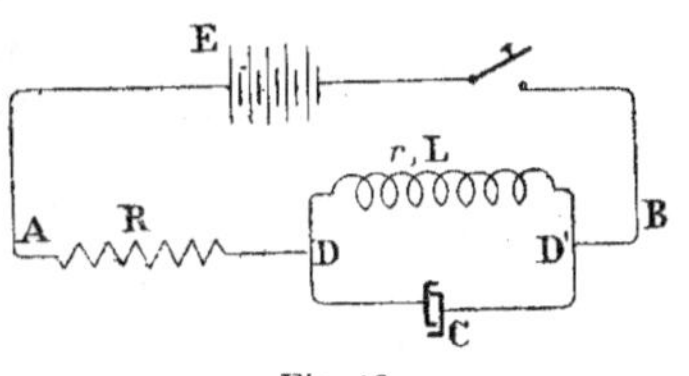

Fig. 18.

Aucune décharge ne se produira si *les énergies emmagasinées* se compensent; or, les deux parties de cette énergie totale sont :

l'énergie emmagasinée dans le condensateur et celle emmagasinée dans le champ. En régime permanent, la différence de potentiel aux bornes du condensateur est :

$$e = \mathrm{E}\,\frac{r}{\mathrm{R} + r},$$

l'énergie emmagasinée dans ce condensateur est donc :

$$\frac{1}{2}\,\mathrm{C}\,\frac{\mathrm{E}^2\,r^2}{(\mathrm{R} + r)^2},$$

en se déchargeant, ce condensateur propagerait un courant en sens inverse du courant permanent :

$$\mathrm{I}_0 = \frac{\mathrm{E}}{\mathrm{R} + r},$$

L'énergie intrinsèque emmagasinée dans le champ est, d'autre part :

$$\frac{1}{2}\,\mathcal{L}\mathrm{I}_0^2 = \frac{1}{2}\,\mathcal{L}\,\frac{\mathrm{E}^2}{(\mathrm{R} + r)^2},$$

en en restituant l'énergie lors de la rupture, il se produira, d'après la loi de Faraday, un courant de même sens que le courant permanent I_0; pour qu'il y ait compensation, il est nécessaire que

$$\frac{1}{2}\,\mathrm{C}\,\frac{\mathrm{E}^2\,r^2}{(\mathrm{R} + r)^2} = \frac{1}{2}\,\mathcal{L}\,\frac{\mathrm{E}^2}{(\mathrm{R} + r)^2},$$

relation qui se réduit à :

$$\mathcal{L} - \mathrm{C}r^2 = 0.$$

Cette remarque trouvera son application pour la mesure des self-induction téléphoniques ou télégraphiques à l'aide d'un condensateur étalonné et d'un pont de Wheatstone.

Autre cas remarquable où une capacité et une self-induction se compensent. — Considérons un circuit formé d'une pile de force électromotrice E, d'une clé C' et de trois dérivations ayant mêmes extrémités, la première contenant une résistance R sans self-induction appréciable, la deuxième contenant une résistance inductive $(r, \mathcal{L})$ et une troisième contenant une capacité C. Le montage est schématiquement représenté (fig. 19). Ceci posé, étudions ce qui se passe dans les dérivations lors de l'ouverture ou de la fermeture de l'interrupteur C'.

Prenons le cas de l'ouverture, par exemple. Si i est le courant circulant dans la résistance non inductive à un instant de la période envisagée, i' le courant dans la branche inductive au même instant, q_2 la quantité d'électricité chargeant le condensateur pendant le régime permanent, enfin ε la différence de potentiel entre les points DD' à l'instant considéré, nous aurons :

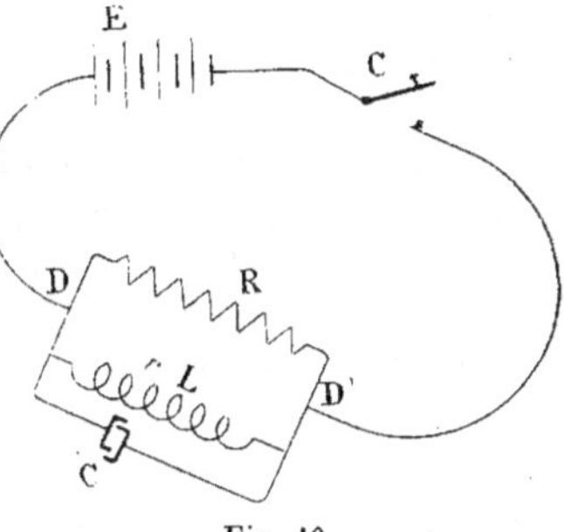

Fig. 19.

$$i = \frac{\varepsilon}{R}, \qquad \varepsilon = ri' + \mathcal{L}\frac{di'}{dt}, \qquad q_2 = C.E;$$

intégrons la seconde relation sur toute la durée de la période variable, en tenant compte de la première égalité, nous aurons :

$$\int_0^t R.i.dt = \int_0^t r.i'.dt + \mathcal{L}\int_0^t di',$$

appelons q la quantité totale d'électricité qui circule dans la branche non inductive, q_1 la quantité totale d'électricité circulant dans la branche inductive, nous aurons :

$$Rq = rq_1 - \mathcal{L}\frac{E}{r},$$

en remplaçant E par $\frac{q_2}{C}$, nous obtenons :

$$Rq = r.q_1 - \frac{\mathcal{L}q_2}{C.r},$$

de plus :

$$q = q_1 - q_2,$$

nous aurons :

$$R(q_1 - q_2) = r.q_1 - \frac{\mathcal{L}.q_2}{C.r},$$

la condition pour que, dans la dérivation non inductive, il n'y ait aucune décharge, lors de l'ouverture, est que :

$$q_1 = q_2 \qquad \text{ou} \qquad r - \frac{\mathcal{L}}{C.r} = 0,$$

c'est-à-dire :

$$L - Cr^2 = 0.$$

Le cas précédent aurait pu être traité suivant la même méthode.

En réalité, une remarque nécessaire doit être faite ; il se peut fort bien que rien ne passe *au total* dans la branche non inductive ; mais, comme les périodes variables de décharge de la self et de la capacité ne sont pas identiques, au commencement de la période, on constatera une petite décharge dans un sens et à la fin une petite décharge égale dans l'autre sens. Un galvanomètre balistique, branché en série dans la dérivation non inductive, esquissera, dans un sens, une très petite déviation corrigée immédiatement par une très petite déviation dans l'autre sens.

Cette propriété a été utilisée pour mesurer les self-inductions à l'aide d'une capacité et d'une résistance non inductive.

Expression analytique des coefficients d'induction. Formule de Neumann. — *Le coefficient d'induction mutuelle des deux circuits X et Y est la valeur du flux traversant X, flux déterminé par un courant unité dont le circuit Y serait le siège.*

Du circuit Y, nous ne considérerons d'abord qu'un petit élément $ab = ds$. Dans l'air, ou tout milieu homogène, le flux dû à l'élément ab est de révolution autour de la direction ab comme axe. Nous allons considérer une portion de la surface déterminée par la révolution de X autour de ab (fig. 20), en limitant, d'une part, cette surface au circuit X et à une courbe méridienne quelconque Q. Le flux dû à l'élément ab ne pénétrera pas par la surface de révolution, que le contour X détermine, car, d'après ce

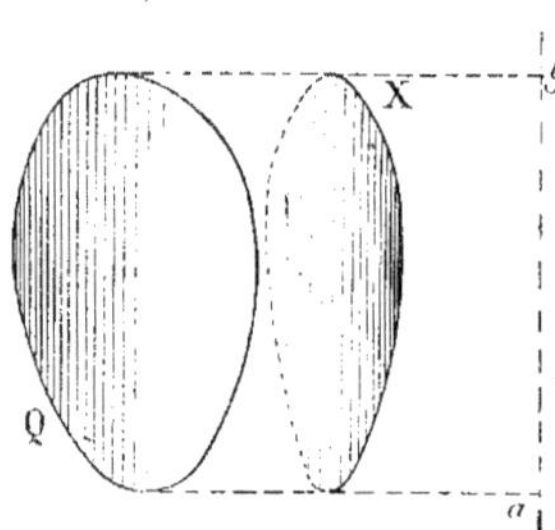

Fig. 20.

que nous venons de dire, cette surface est tangente au flux, et ainsi tout le flux qui pénétrera normalement par Q sortira par X. Nous concluons que, pour évaluer le flux dû à ab et traversant X, il nous suffira d'évaluer le flux normal, dû à cet élément ab, qui vient frapper Q.

Pour faire cette évaluation, prenons pour axe des y la direction ab elle-même, et, pour axe des x, une perpendiculaire élevée, dans le plan méridien, au milieu de l'élément ab. En appliquant la formule de Laplace (fig. 21), nous aurons pour valeur du flux, intéressant le petit rectangle $mnpq$ de côtés dx et dy, flux déterminé par l'action du courant unité dont l'élément ab est supposé le siège :

$$d^3\,\Phi = \frac{ab\,.\,dx\,.\,dy}{\rho^2}\,\sin\alpha,$$

ou :

$$d^3\,\Phi = \frac{ds\,.\,dx\,.\,dy}{\rho^3}\,x,$$

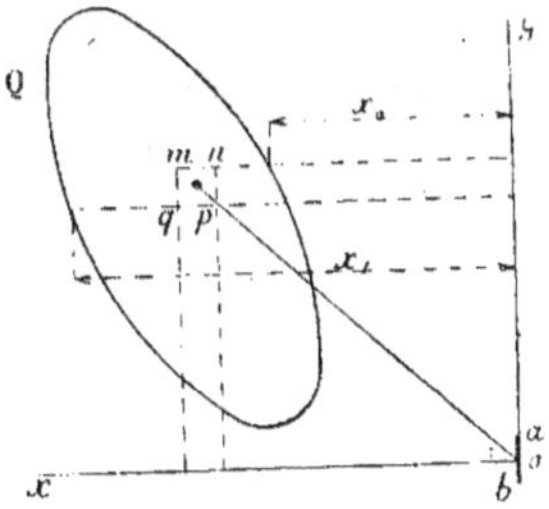

en appelant :

Fig. 21.

α l'angle avec $ab = ds$ du vecteur joignant le milieu de ab au centre du rectangle $mnpq$.
ρ la distance qui sépare le milieu de ab au centre du rectangle $mnpq$.

Le flux total à travers Q est donc évalué par l'intégrale étendue à toute l'aire de Q :

$$d\,\Phi = ds \int\!\!\int \frac{x\,.\,dy\ dx}{(x^2 + y^2)^{\frac{3}{2}}}.$$

Ce calcul peut s'effectuer de deux façons différentes :

1° Nous pouvons intégrer une première fois en supposant y constant ; l'interprétation convenablement faite du résultat obtenu nous conduira à l'établissement de la *formule de Neumann*.

2° Nous pouvons également effectuer cette même intégration en supposant x constant ; l'interprétation, convenablement faite du résultat obtenu, nous conduira à l'établissement d'une formule classique très intéressante.

1re *méthode*. — Nous disposerons le calcul sous la forme :

$$d\,\Phi = ds \int dy \int \frac{x\,.\,dx}{(x^2 + y^2)^{\frac{3}{2}}},$$

ou bien :

$$d\,\Phi = -\,ds \int dy \left[\frac{1}{(x^2 + y^2)^{\frac{1}{2}}} \right]_{x_0}^{x_1},$$

les valeurs x_1 et x_0 répondent aux indications de la figure 21, la formule précédente se réduit à (1) :

$$d\,\Phi = +\,ds \int_Q \frac{dy}{\rho}.$$

Cette dernière intégrale est prise suivant le contour Q, nous allons pouvoir lui donner une autre forme. A cet effet, supposons que l'élément $\lambda\mu$ de Q soit déterminé par le balayage de l'élément $a'b'$ du contour X autour de ab ; faisons tourner (fig. 22), $a'b'$ autour de ab jusqu'à ce que a' vienne recouvrir λ, tandis que b' prendra une position b'' telle que la direction $b''\mu$ soit normale (*à un infiniment petit près*) sur le plan méridien de la courbe Q. Dans cette rotation, la distance r de l'origine à $a'b'$ se conservera, l'angle ε de ab avec $a'b'$ se conservera également.

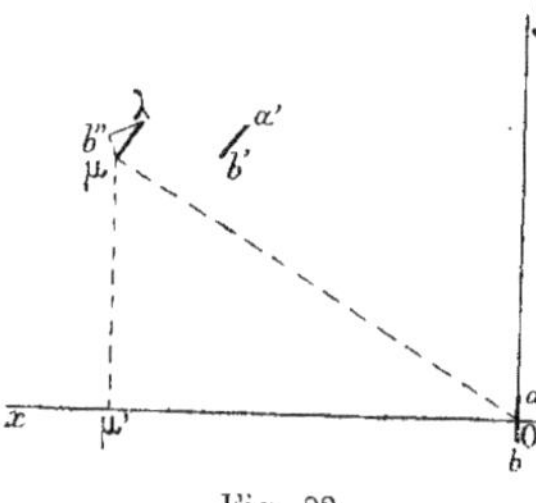
Fig. 22.

Ceci posé, projetons séparément $\lambda b''$ et le petit contour $\lambda\mu b''$, ayant mêmes extrémités, sur Oy, nous aurons, en remarquant que la projection $\mu b''$ sur Oy est nulle :

$$ds'.\cos\varepsilon = dy,$$

en reportant dans la formule précédemment établie, nous aurons :

$$d\Phi = ds \int_X \frac{ds'.\cos\varepsilon}{r}.$$

En étendant maintenant à tous les éléments du contour Y, nous aurons :

---

(1) On peut mettre l'intégrale précédente sous la forme

$$d\,\Phi = ds \int \frac{dy}{(x_0^2 + y^2)^{\frac{1}{2}}} - ds \int \frac{dy}{(x_1^2 + y^2)^{\frac{1}{2}}},$$

mais, en examinant la figure, on voit que ces intégrales prises sur deux parties distinctes du contour Q sont relatives à deux sens différents de parcours du contour Q, de sorte que :

$$d\,\Phi = ds \int_Q \frac{dy}{\rho};$$

dans cette égalité, l'intégrale est supposée prise le long de la courbe Q tout entière parcourue dans le même sens fixé d'une façon nette.

$$\Phi = \int_Y ds \int_X \frac{ds'.\cos\varepsilon}{r},$$

ou encore, puisque nous avons désigné le coefficient d'induction mutuelle par M :

$$M = \int \int \frac{ds.ds'.\cos\varepsilon}{r}.$$

Cette intégrale étant étendue aux deux contours X et Y, c'est *la formule de Neumann.*

2ᵉ *méthode.* — Intégrons maintenant en supposant x constant, nous aurons :

$$d\Phi = ds \int x.dx \int \frac{dy}{(x^2 + y^2)^{\frac{3}{2}}},$$

mais il faut remarquer que :

$$y = x.\mathrm{cotg}\,\alpha,$$

donc, en supposant x constant :

$$dy = - x\,\frac{d\alpha}{\sin^2\alpha},$$

en observant de plus que :

$$(x^2 + y^2)^{\frac{3}{2}} = x^3\left(1 + \frac{\cos^2\alpha}{\sin^2\alpha}\right)^{\frac{3}{2}} = \frac{a^3}{\sin^3\alpha};$$

en reportant dans l'intégrale, nous aurons :

$$d\Phi = - ds \int \frac{dx}{x} \int \sin\alpha.d\alpha,$$

ou encore :

$$d\Phi = + ds \int \left[\cos\alpha\right]_{\alpha=\alpha_0}^{\alpha=\alpha_1} \frac{dx}{x}.$$

Par un raisonnement identique à celui suivi dans le cas précédent, relativement à l'interprétation de la quantité sous le signe $\int$ (fig. 23), on déduira que :

$$d\Phi = + ds \int_Q \frac{\cos\alpha.dx}{x},$$

comme :

$$x = \rho \sin\alpha,$$

on conclura :

$$d\Phi = ds \int_Q \frac{\cos\alpha}{\sin\alpha}.\frac{dx}{\rho}.$$

Nous allons donner à cette intégrale une autre forme. A cet effet, supposons (fig. 22) que l'élément $\lambda\mu$ de la courbe méridienne Q soit précisément balayé par l'élément $a'b'$ dans sa révolution autour de ab; dans la rotation de $a'b'$ autour de

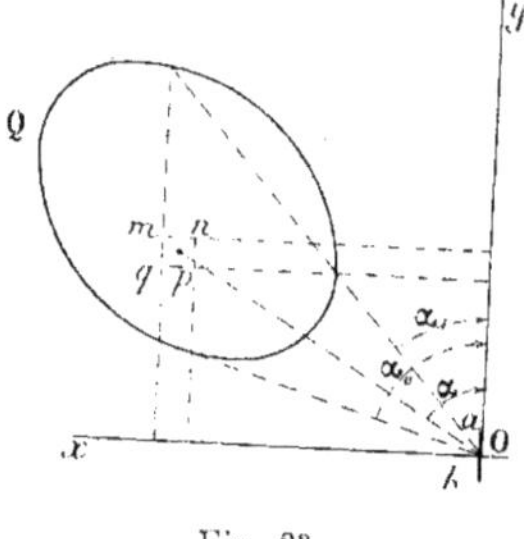

Fig. 23.

ab effectuée jusqu'à ce que a' vienne coïncider avec λ, b' aboutira en b'', la droite $\mu.b''$ sera normale (*à un infiniment petit près*) sur le plan méridien ; remarquons que, dans cette révolution, la distance r des éléments ab et $a'b'$ est *conservée* et qu'également les angles α et α' de la droite r avec ab et $a'b'$ sont *conservés*. Ceci posé, considérons le système des trois axes concourants $(\mu o,\ \mu\mu',\ \mu.b'')$, puis projetons $\lambda b''$ (ou $a'b'$ transporté par rotation) sur ces trois axes. Nous aurons :

Projection sur $o\mu$: $ds'\cos\alpha'$,

Projection sur $\mu\mu'$ ou axe des y : dy,

Projection sur $\mu.b''$: $b''\mu$.

Écrivons maintenant que la projection dx du vecteur $\lambda b''$ sur ox est égale à la projection des composantes précédentes de ce vecteur sur le même axe, nous déduirons immédiatement :

$$dx = ds'.\cos\alpha'.\sin\alpha.$$

En remplaçant cette valeur de dx dans l'intégrale que nous considérons, nous aurons :

$$d\Phi = ds \int \frac{\cos\alpha.\cos\alpha'.ds'}{r} ;$$

enfin, en étendant maintenant à tous les éléments du contour Y, nous aurons :

$$\Phi = \int_Y ds \int_X \frac{\cos\alpha.\cos\alpha'.ds'}{r} ;$$

en désignant ce coefficient d'induction mutuelle par M, nous écrirons finalement :

$$M = \int \int \frac{\cos \alpha . \cos \alpha' . ds . ds'}{r},$$

cette intégrale étant étendue aux deux contours X et Y.

Dans le cas où les deux contours sont confondus, on a affaire à un coefficient de self-induction; une analyse superficielle pourrait faire croire que l'élément différentiel devient infini pour toutes les combinaisons d'éléments où $r = 0$, mais il faut observer que, pour ces éléments différentiels : $\cos \alpha = \cos \alpha' = 0$.

Si, au lieu du vide, les circuits sont noyés dans un milieu *homogène*, diamagnétique ou paramagnétique, de perméabilité constante μ, les formules précédentes se modifieront évidemment, il n'est pas utile de recommencer une démonstration; *dans tous les milieux*, on a donc :

$$M = \int \int \mu \frac{\cos \alpha . \cos \alpha'}{r} ds . ds'$$

$$M = \int \int \mu \frac{\cos \imath}{r} ds . ds'.$$

C'est en partant de la formule électrodynamique d'Ampère que Neumann est arrivé, pour la première fois, à la formule qui porte son nom; on a vu que nous sommes arrivés au même résultat par une méthode élémentaire partant de la définition même du coefficient d'induction mutuelle.

De la dernière expression calculée de M, on tirera immédiatement la suivante :

$$M = \int \int \frac{\partial r}{\partial s} . \frac{\partial r}{\partial s'} . \frac{ds . ds'}{r},$$

il suffira de remarquer, sur une figure facile à tracer, que :

$$\cos \alpha = - \frac{\partial r}{\partial s}, \quad \cos \alpha' = - \frac{\partial r}{\partial s'}$$

Diverses formes de l'énergie mutuelle de deux courants. Potentiel vecteur. — Reprenons la formule qui exprime l'énergie mutuelle de deux circuits Y et X parcourus par des courants I_1 et I_2 :

$$W = I_1 I_2 \int_X ds' \int_Y \frac{\cos \imath . ds}{r},$$

$\imath$ étant l'angle des deux éléments ds et ds'; dx, dy, dz, les composantes de ds relatif au contour Y; dx', dy', dz' les composantes de ds' relatif au contour X, nous aurons avec ces notations :

$$\cos \varepsilon = \frac{dx.dx' + dy.dy' + dz.dz'}{ds.ds'},$$

et, par suite :

$$W = I_2.I_1 \int \int \frac{dx.dx' + dy.dy' + dz.dz'}{r},$$

qui peut encore s'écrire en posant :

$$F = \int_X I_2 \frac{dx'}{r}, \qquad G = \int_X I_2 \frac{dy'}{r}, \qquad H = \int_X I_2 \frac{dz'}{r} ;$$

$$W = I_1 \int_Y (F\,dx + G\,dy + H\,dz),$$

F, G, H peuvent être considérées comme les composantes, suivant, les axes, d'un vecteur $\overline{A}$ relatif à chaque élément ds du circuit Y; si θ est l'angle de ds avec $\overline{A}$, si A est la longueur de ce vecteur (autrement dit, si A est le scalar de $\overline{A}$), nous aurons :

$$W = I_1 \sum_Y (A \times ds \times \cos\theta),$$

$\overline{A}$ est ce qu'on appelle le *potentiel vecteur*.

Supposons que, X et I_1 restant immuables, le circuit Y et le courant I_2, varient, nous aurons :

$$dW = I_1 \int (dF.dx + dG.dy + dH\,dz).$$

Pour obtenir que I_1 ne varie pas dans le déplacement, il nous faudra avoir fait varier la force électromotrice de la source intercalée dans Y de la quantité :

$$\frac{dW}{dt} \times \frac{1}{I_1} = -e,$$

et ce, *quelle que soit la grandeur de cette source; e* est donc égale à :

$$e = -\int_Y \left(\frac{dF}{dt}\,dx + \frac{dG}{dt}\,dy + \frac{dH}{dt}.dz \right),$$

d'après les principes de Faraday sur l'induction, ceci est encore vrai, si la force électromotrice intercalée dans Y est *nulle;* donc e est la force électromotrice d'induction de Y pour le déplacement du contour Y.

Remarquons que :

$$\frac{dF}{dt} = -X, \qquad \frac{dG}{dt} = -Y, \qquad \frac{dH}{dt} = -Z.$$

peuvent être considérés comme les composantes suivant les axes d'un vecteur $\bar{\varepsilon}$; soit λ l'angle de l'élément $ds = ab$ avec $\bar{\varepsilon}$, et ε la longueur de ce vecteur, nous aurons évidemment :

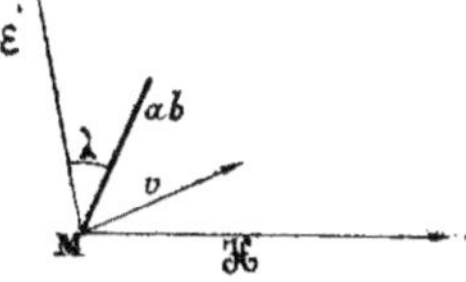
Fig. 24.

$$e = \sum_\gamma (\varepsilon \times ds \times \cos\lambda),$$

chacun des termes de cette somme représente la force électromotrice élémentaire relative au déplacement de ab, cette expression est égale (fig. 24) au produit de ds par la projection, d'un certain vecteur ε sur $ds = ab$.

En supposant $I_2 =$ constante, on se rendra compte facilement que :

$$\frac{\partial F}{\partial x} + \frac{\partial G}{\partial y} + \frac{\partial H}{\partial z} = 0,$$

c'est-à-dire que :

$$\frac{\partial X}{\partial x} + \frac{\partial Y}{\partial y} + \frac{\partial Z}{\partial z} = 0.$$

Démonstration géométrique. — Nous allons retrouver géométriquement toutes ces propriétés.

Soit un élément $ds = ab$ de conducteur se déplaçant dans un champ $\mathcal{H}$ (fig. 25) suivant le vecteur $MP = v.dt$ pendant le temps dt. La force électromotrice induite dans ab sera fournie par le quotient

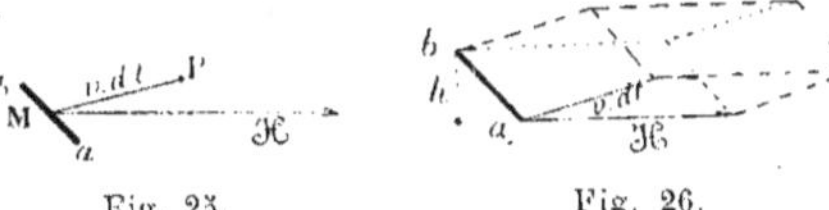
Fig. 25.   Fig. 26.

par dt du flux balayé au cours du déplacement $v.dt$; il est facile de voir que ce flux est égal au volume du parallélipipède construit sur ba, $v.dt$ et $\mathcal{H}$ comme côtés (fig. 26), or ce volume a aussi pour expression :

$$\mathcal{H}.v.dt.\sin(\mathcal{H}, v.dt).h,$$

h étant une hauteur relative au parallélipipède oblique construit sur $\mathcal{H}$, ba et $v.dt$. La force électromotrice élémentaire induite aura donc pour valeur :

$$\mathcal{H}.v.\sin(\mathcal{H}, vdt).h = de,$$

Ceci posé, élevons (fig. 27), une perpendiculaire MN en M sur le plan déterminé par les directions $\mathcal{H}$ et v, prenons comme direction positive de ce vecteur ε, la direction telle qu'un observateur, placé le long de ce vecteur dans ce sens positif, voit le vecteur v disposé de façon qu'il soit nécessaire, pour l'appliquer sur $\mathcal{K}$ suivant l'angle

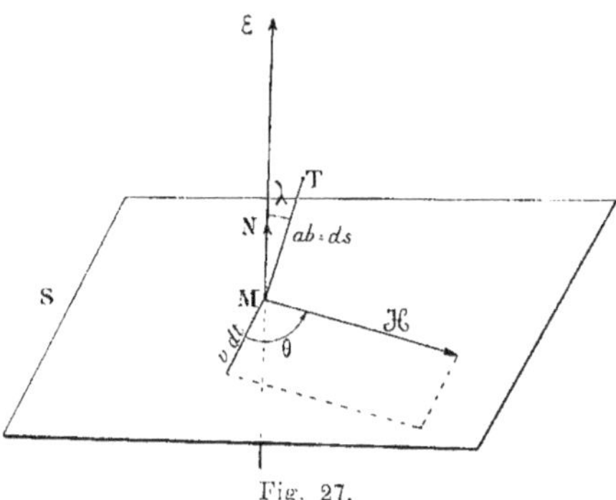

Fig. 27.

le plus court, de lui faire opérer une rotation de droite à gauche en passant par devant.

Sur ce vecteur, nous portons une longueur :

$$\varepsilon = \mathcal{K}.v.\sin(\mathcal{K}, v.dt),$$

ε est ainsi le quotient par dt de l'aire du parallélogramme construit sur $\mathcal{K}$ et $v.dt$:

si, maintenant, λ est l'angle de ds et de $\overline{\varepsilon}$, nous aurons successivement :

$$h = ds.\cos\lambda,$$

et :

$$de = \varepsilon.ds.\cos\lambda \; ;$$

pour le circuit tout entier, on aura :

$$e = \int_{\gamma} \varepsilon.ds.\cos\lambda \; ;$$

comme ε est le quotient d'une quantité petite par dt, ε est la dérivée par rapport à t d'un certain vecteur, il nous est donc permis d'écrire les composantes de ε sous la forme suivante :

$$\frac{d\mathrm{F}}{dt}, \qquad \frac{d\mathrm{G}}{dt}, \qquad \frac{d\mathrm{H}}{dt};$$

de sorte que :

$$e = -\int_{\gamma}\left(\frac{d\mathrm{F}}{dt}\,dx + \frac{d\mathrm{G}}{dt}\,dy + \frac{d\mathrm{H}}{dt}\,dz\right)$$

le flux balayé, pendant le temps dt, par le circuit Y est donc donné par l'expression :

$$\frac{d\Phi}{dt} = \int_Y \left(\frac{dF}{dt}\, dx + \frac{dG}{dt}\, dy + \frac{dH}{dt}\, dz \right)$$

donc (1) :

$$\Phi = \int_Y (F\, dx + G\, dy + H\, dz).$$

Comme l'énergie nécessaire pour amener Y supposé parcouru par le courant I_1 de l'infini à sa position actuelle est ΦI_1, nous aurons :

$$W = I_1 \int_Y (F\, dx + G\, dy + H\, dz),$$

Nous avons ainsi retrouvé géométriquement les résultats établis analytiquement. Avant de quitter provisoirement ce problème, remarquons que si $\psi\,(x,\, y,\, z)$ est une fonction uniforme de x, y, z, *seuls* comme serait un potentiel électrostatique :

$$\int_Y \left(\frac{\partial \psi}{\partial x}\, dx + \frac{\partial \psi}{\partial y}\, dy + \frac{\partial \psi}{\partial z}\, dz \right) = 0,$$

de sorte que :

$$\frac{d\Phi}{dt} = I_1 \int_Y \left(\frac{dF}{dt} - k\frac{\partial \psi}{\partial x} \right) dx + \left(\frac{dG}{dt} - k\frac{\partial \psi}{\partial y} \right) dy + \left(\frac{dH}{dt} - k\frac{\partial \psi}{\partial z} \right) dz,$$

c'est-à-dire que l'intégrale précédente n'est pas altérée lorsqu'on remplace le vecteur de composantes :

$$\frac{dF}{dt}, \quad \frac{dG}{dt}, \quad \frac{dH}{dt}$$

par un vecteur de composantes :

$$\frac{dF}{dt} - k\frac{\partial \psi}{\partial x}, \qquad \frac{dG}{dt} - k\frac{\partial \psi}{\partial y}, \qquad \frac{dH}{dt} - k\frac{\partial \psi}{\partial z}$$

où k est un facteur numérique quelconque et ψ une fonction uniforme pour tous les points de Y.

Pour des développements plus complets et pour les conséquences à en tirer, nous renvoyons le lecteur aux ouvrages de M. H. Poincaré et de M. Bouasse, nous réservant de reprendre nous-mêmes l'examen de la question au cours de l'étude des oscillations.

---

(1) Nous ne mettons pas de constante après l'intégrale du second membre, parce que le vecteur (F, G, H) qui est proportionnel à $\mathcal{H}$ s'annule à l'infini, c'est-à-dire qu'à l'infini :

$$F = 0, \quad G = 0, \quad H = 0.$$

CHAPITRE III

Induction dans les milieux conducteurs.
Courants de Foucault.
Courant variable dans les conducteurs à grandes dimensions.

Induction dans les masses conductrices. — En 1824, le physicien Gambey avait observé l'amortissement des oscillations d'un barreau aimanté, quand on le dispose au-dessus d'une plaque de cuivre. Ce ne fut qu'après la découverte de l'induction par Faraday que fut donnée l'explication rationnelle du fait que l'expérience de Gambey révélait. Préalablement, Arago avait rattaché le phénomène à une forme particulière du magnétisme que développait le mouvement et à laquelle il avait donné le nom de *magnétisme de rotation.*

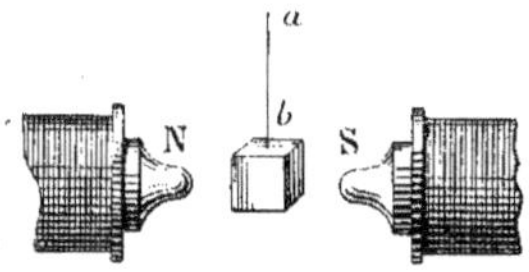

On peut réaliser facilement une expérience mettant ce phénomène en évidence aux yeux d'un auditoire à l'aide du dispositif suivant. On suspend, entre les deux pôles N et S d'un électro-aimant, un cube de cuivre à l'aide d'un fil de suspension *ab* (fig. 28). Si, après avoir tordu fortement le fil, on abandonne le cube à lui-même, il prendra un mouvement rapide de rotation lorsque l'électroaimant ne sera pas excité, mais son arrêt sera *brusque* dès qu'on fera passer le courant.

Fig. 28.

Pour montrer qu'entre un disque de cuivre et un aimant, existait une force qui tend toujours à s'opposer au mouvement relatif de l'un par rapport à l'autre, Arago disposait (fig. 29), un aimant mobile autour d'un axe concentrique à celui d'un disque de cuivre ; faisant ensuite, à l'aide de la manivelle **M**, tourner l'axe du disque, il constatait que l'aimant était entraîné en un mouvement synchronique. Arago fit l'expérience renversée en déterminant la rotation du disque de cuivre sous l'action d'un gros aimant qu'il faisait tourner dans

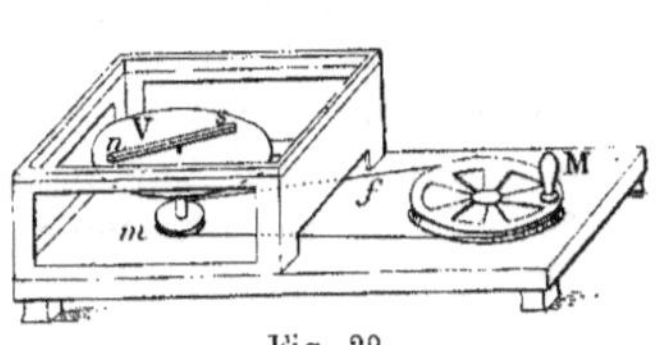

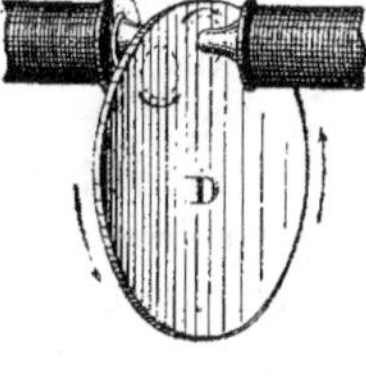

Fig. 29.   Fig. 30.

un plan parallèle. Arago indiquait ainsi, dès 1824, l'application du principe des moteurs modernes à champ tournant qui n'apparurent que soixante-quatre ans environ après.

Une expérience, plus saisissante encore, peut être réalisée au moyen d'un disque métallique qu'on fera tourner autour d'un axe central entre les pôles d'un électroaimant. Le disque, avant l'application du courant dans l'électroaimant, tourne avec une extrême facilité (fig. 30), mais, dès que le courant est lancé, il oppose une résistance énorme à tout mouvement. Il semble que ce disque se trouve subitement plongé dans un milieu très visqueux. Plus le disque est conducteur, plus l'effet est net ; pour presque annuler cet amortissement, il suffira de rompre la continuité métallique, en effectuant, (fig. 31), des traits de scie suivant les rayons du disque.

Fig. 31.

Explication théorique du phénomène précédent. — Si, au lieu de déplacer un disque plein entre les pôles d'un électroaimant, nous faisions tourner autour d'un axe un circuit fermé de forme quelconque, nous fournirions une explication à la résistance opposée au mouvement du circuit en disant : le déplacement du circuit dans le champ détermine un courant dans ce circuit, ce courant provoque une dépense d'énergie qui ne peut être compensée, c'est celle gaspillée dans les résistances par effet Joule. Pour simplifier notre raisonnement, supposons le champ inducteur formé par les actions d'aimants seuls; comme ceux-ci n'ont pas d'énergie disponible à céder au circuit mobile, l'énergie gaspillée par échauffement devra être empruntée totalement à l'énergie interne de l'opérateur. Il est donc naturel que la naissance du champ entraîne, pour l'opérateur, une dépense d'énergie.

Une autre explication aurait pu être donnée en appliquant la loi de Lenz ; en effet, il se produit dans le circuit un courant tel que son action électromagnétique s'opposera au mouvement.

Pour revenir à la question de l'induction dans les masses conductrices, nous admettrons que, dans la plaque, prennent naissance des courants d'induction. Ces courants fermés se forment de part et d'autre de l'axe des pôles de l'électroaimant (fig. 30); deux courants, symétriques par rapport à cet axe, doivent tourner en sens opposés, en effet, l'action sur les pôles de l'un et de l'autre de ces deux courants tend à s'opposer au mouvement, il doit donc y avoir entre un de ces courants d'induction et les pôles : répulsion avant le passage à travers l'axe des pôles et attraction après. Ces courants hypothétiques, ont reçu le nom de « *courants de Foucault* ».

Mesure de l'équivalent mécanique de la chaleur. — Il existe de nombreux moyens de mettre en évidence la dégradation d'énergie mécanique en énergie calorifique qui intervient lors d'un frottement magnétique, comme elle intervient, d'ailleurs, lors d'un frottement mécanique. La mesure de l'équivalent mécanique de la chaleur peut s'effectuer par diverses méthodes faisant intervenir le frottement mécanique ; il n'est donc pas surprenant que cette détermination ait pu être effectuée également à l'aide des frottements magnétiques. C'est à M. Violle qu'est due l'idée de cette méthode de mesure dont nous parlerons plus loin.

Foucault fut le premier physicien à faire la remarque que l'énergie absorbée se retrouvait intégralement sous la forme de chaleur. Son appareil, que nous allons décrire, met, d'une façon remarquable, cette vérité en évidence. A l'aide d'un système de roues et de pignons que commande une manivelle M (fig. 32), on peut faire tourner un tube de cuivre T entre les branches NS d'un électroaimant puissant. Avant le passage du courant, nous pouvons faire tourner à grande vitesse le tube T ; mais, dès que le courant circule, il nous faudra dépenser un travail considérable et le tube prendra très rapidement une température élevée. Si le champ est supprimé, la vitesse de rotation peut *immédiatement* atteindre une grande valeur.

Si nous venons à verser dans le tube de l'éther, celui-ci s'échauffera rapidement, bientôt il atteindra la température d'ébullition. C'est bien là un exemple de transformation du travail mécanique de l'opérateur en chaleur équivalente. M. Violle, pour calculer l'équivalent mécanique de la calorie, à l'aide de cette expérience, mesurait, d'une part, avec précision l'énergie mécanique fournie au tube (l'opérateur pouvait être remplacé, pour cette mesure, par un moteur

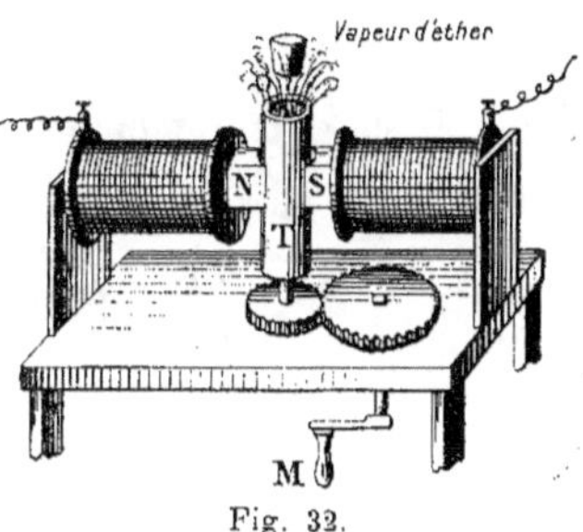

Fig. 32.

électrique préalablement taré au point de vue rendement et à divers régimes) M. Violle déterminait, d'autre part, à l'aide du calorimètre, la chaleur développée dans le tube. M. Violle trouva ainsi que l'équivalent d'un calorie-gramme-degré était de 4,17 joules.

Lorsqu'un électroaimant est excité par un courant alternatif ou interrompu, il se produit un échauffement dangereux dans les pièces métalliques massives noyées dans le champ. On atténue, dans de larges proportions, cet échauffement et la perte de travail qui en résulte, en formant le noyau de lames minces $(\frac{1}{20}$ centimètre environ) parallèles à l'axe, et, par conséquent, normales à la direction générale de l'enroulement, qui est aussi la direction suivant laquelle les courants d'induction se produisent dans la masse. Chaque lame est séparée de ses voisines par de la gomme laque ou par du papier japon ou par un ensemble de ces deux isolants.

Ecrans électromagnétiques. — Considérons (fig. 33), noyé dans un champ variable, un circuit de self-induction $\mathcal{L}$ et de résistance R, admettons que R soit très petit par rapport à $\mathcal{L}$, nous aurons, en appelant Φ le flux qui traverse le circuit à un instant déterminé :

$$-\frac{d\Phi}{dt} = \mathrm{R}i + \mathcal{L}\frac{di}{dt},$$

appelons Φ' le flux antagoniste produit par i au même instant, nous aurons :

$$\Phi' = \mathcal{L}i, \quad \text{et ainsi} \quad -\frac{d\Phi}{dt} = \mathrm{R}\,i + \frac{d\Phi'}{dt},$$

et, par suite :

$$-\frac{d}{dt}(\Phi + \Phi') = \mathrm{R}\,i,$$

puisque R est extrêmement petit par rapport à $\mathcal{L}$, par suite par rapport à $\mathcal{L}\dfrac{d\mathrm{I}}{dt}$, ou par rapport à Φ', *à moins que le courant* I *ne varie que très lentement,* nous pourrons remplacer le deuxième membre par zéro, nous aurons ainsi, en intégrant :

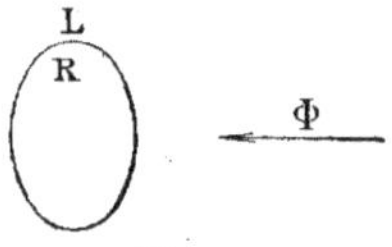

$$\Phi + \Phi' = \mathrm{C}^{te}.$$

Fig. 33.

Or, supposons que Φ commence à varier depuis zéro au temps $t = 0$, qu'à ce même moment, le champ *invariable* qui règne soit Φ_0; à ce même moment, nous aurons également :

$$i = 0 \quad \text{et} \quad \mathcal{L}i = \Phi' = 0,$$

nous aurons donc :

$$\Phi + \Phi' = 0,$$

autrement dit, aux environs de ce circuit, le flux gardera une valeur constante Φ_0, car l'action antagoniste du flux propre de la spire compensera le flux inducteur. Cette spire jouera donc le rôle d'un *écran pour champ variable*.

Si, au lieu d'un circuit, nous avons une masse métallique et mieux encore un noyau de métal magnétique, nous aurons des courants d'induction dont les trajectoires auront une très faible résistance par rapport à leur self, surtout, si le centre de ces trajectoires est en métal magnétique. Nous nous trouverons donc dans les conditions spécifiées plus haut, et une lame métallique noyée dans un champ variable, fera l'office *d'un écran magnétique pour champ variable.* L'expérience corrobore ce que nous venons de dire : derrière une lame métallique, l'action d'un champ variable est très affaiblie. Plus les variations d'intensité du flux sont rapides et plus complet est l'étouffement du flux *variable* par l'interposition d'une plaque métallique. Lorsque les variations du flux sont instantanées, la masse métallique devient un écran absolu pour le *flux variable*. Il ne faut donc pas employer des bobines à noyaux de fer doux dans les électroaimants destinés à être utilisés avec des flux à variations très rapides, pour les flux à haute fréquence.

M. Maurice Leblanc a proposé l'usage industriel des amortisseurs de flux variables pour étouffer les flux oscillatoires perturbateurs dans les alternateurs.

Calcul de la puissance perdue par les courants de Foucault. — *Cas des noyaux formés par des faisceaux de fils de fer.* — Prenons un fil cylindrique en fer, de longueur l et de rayon r, et supposons ce fil *parallèle* à un flux variable, prenons ensuite, à l'intérieur de ce fil, un tube concentrique d'épaisseur infiniment mince dx et de rayon x. La variation du flux suivant le fil va déterminer une force électromotrice d'induction e, dont la valeur sera donnée par la formule :

$$e = -\pi x^2 \frac{d\mathcal{B}}{dt},$$

en appelant ρ la résistance spécifique du fer et $\mathcal{B}$ l'induction, nous aurons pour résistance *circulaire* du tube :

$$\frac{2\pi x . \rho}{l . dx};$$

la puissance, transformée en chaleur dans le tube *au temps t*, sera donc :

$$d\mathrm{W} = \frac{e^2}{\left(\dfrac{2\pi x \rho}{l . dx}\right)} = \pi \frac{l}{2\rho}\left(\frac{d\mathcal{B}}{dt}\right)^2 x^3 dx,$$

et, pour tout le fil :

$$\mathrm{W} = \pi \frac{l}{2\rho}\left(\frac{d\mathcal{B}}{dt}\right)^2 \int_0^r x^3 dx = \pi . \frac{l . r^4}{8\rho}\left(\frac{d\mathcal{B}}{dt}\right)^2,$$

par centimètre cube, la puissance dissipée, au temps t, sera :

$$\frac{\mathrm{W}}{\pi . r^2 . l} = \frac{r^2}{8\rho}\left(\frac{d\mathcal{B}}{dt}\right)^2.$$

Supposons que nous cherchions la puissance transformée en chaleur au temps t : d'abord, dans un faisceau de n fils de fer de rayon r

et de longueur l; ensuite, dans une masse cylindrique compacte de fer de longueur l, de même qualité électrique et magnétique, de rayon R placée dans une situation identique au faisceau de fil de fer, en *supposant que les sections droites présentées au flux soient les mêmes dans les deux cas*, c'est-à-dire :

$$n\pi r^2 = \pi R^2 \quad \text{ou} \quad nr^2 = R^2,$$

nous aurons, avec les fils de fer, pour la puissance gaspillée en chaleur :

$$W_1 = n\pi \frac{lr^4}{8\rho}\left(\frac{d\mathcal{B}}{dt}\right)^2,$$

et, pour la masse de même section :

$$W_2 = \pi \frac{lR^4}{8\rho}\left(\frac{d\mathcal{B}}{dt}\right)^2,$$

ou encore :

$$W_2 = n^2\pi \frac{lr^4}{8\rho}\left(\frac{d\mathcal{B}}{dt}\right)^2 = nW_1$$

Ce résultat suffit pour expliquer, sans autre commentaire, l'avantage qu'on trouve à remplacer une masse compacte par des faisceaux de fil de fer.

Autre calcul de la puissance perdue par courants de Foucault. — *Cas des lames métalliques.* **—** Par la même méthode, nous calculerions facilement la puissance W_3 transformée en chaleur, au temps t, dans une lame de longueur λ, de largeur λ' et d'épaisseur δ, traversée par la *tranche* par le flux; nous aurions obtenu :

$$W_3 = \frac{\lambda.\lambda'\delta^3}{32.\rho}\left(\frac{d\mathcal{B}}{dt}\right)^2$$

par centimètre cube, la puissance gaspillée caloriquement, au temps t, serait :

$$\frac{W_3}{\lambda\lambda'\delta} = \frac{\delta^2}{32\rho}\left(\frac{d\mathcal{B}}{dt}\right)^2.$$

Dans le cas d'un flux sinusoïdal de la forme

$$\mathcal{B} = \mathcal{B}_0 \sin\omega t = \mathcal{B}_0 \sin\frac{2\pi}{T}t$$

la puissance moyenne (1) gaspillée en chaleur *par seconde et par centimètre cube* est :

$$\frac{1}{T}\frac{\delta^2}{32.\rho}\int_0^T\left(\frac{2\pi}{T}\,\mathcal{B}_0\cos\frac{2\pi}{T}.t\right)^2 dt = \frac{\delta^2}{64.\rho}\left(\frac{2\pi}{T}\right)^2\mathcal{B}_0^2\,;$$

on voit que la perte diminue très rapidement lorsque l'épaisseur de la plaque diminue.

Pour la puissance moyenne gaspillée, par *centimètre cube* et *par seconde*, par un fil rond de rayon r parallèle au flux sinusoïdal, on trouverait immédiatement :

$$w = \frac{r^2}{16.\rho}\,\mathcal{B}_0^2\left(\frac{2\pi}{T}\right)^2\,;$$

prenons un fil de 0,5 centimètre de diamètre, $r = 0,25$ centimètre; ρ, en unités C. G. S., a une valeur, pour le fer, de 9.400 unités, prenons, de plus :

$$\mathcal{B} = 5.000 \text{ gauss}, \qquad \frac{2\pi}{T} = 50$$

nous aurons :

$$w = \frac{0,0625 \times 25 \times 10^6 \times 2.500}{9.400 \times 16 \times 10^7}\text{ watts}$$

ou encore :

$$w = \frac{625 \times 625 \times 10^{-4} \times 10^6 \times 10^2}{94 \times 16 \times 10^9} = 26 \times 10^{-4}\text{ watts}$$

ou bien :

$$w = 2.600 \text{ microwatts par centimètre carré.}$$

Pour 42 périodes on aurait trouvé 65.000 microwatts.

Ces formules ne sont applicables que pour des fils de fer ayant moins de 1 à 2 millimètres de diamètre, pour des fréquences inférieures à 200 périodes; car, nous verrons plus loin que les courants induits pénètrent de moins en moins dans le métal à mesure que la fréquence augmente.

Nous avons vu plus haut que les courants de Foucault déter-

---

(1) On voit que, si on prend des suites de valeurs :

$$t_1, \quad t_1 + T, \quad t_1 + 2T, \quad t_1 + 3T, \quad \ldots, \quad t_1 + nT, \text{ etc., etc,}$$

la valeur que prend $\mathcal{B}$ reste la même, autrement dit, T est une période au bout de laquelle la fonction $\mathcal{B}$ reprend à nouveau les suites de valeurs déjà prises.

minaient des flux antagonistes de ceux qui les ont produits. Dans les noyaux, l'induction magnétique pour les flux variables diminue de la périphérie au centre. Toutefois, lorsqu'on emploie des fils de fer ou des tôles minces, l'effet démagnétisant des courants de Foucault, sur la masse magnétique en laquelle ils se forment, n'a qu'une importance insignifiante avec les fréquences habituellement employées dans l'industrie.

Self-induction dans les conducteurs cylindriques (1). — Etablissons d'abord la propriété suivante : *Un conducteur ayant la forme d'une surface cylindrique droite, d'épaisseur infiniment petite et de longueur indéfinie, parcouru par un courant quelconque symétriquement réparti dans sa masse, déterminera un flux nul en tous les points en son intérieur.*

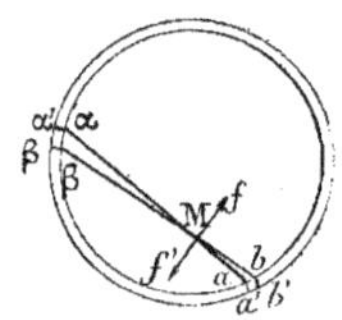

Fig. 34.

En effet, soit (fig. 34), une coupe de ce conducteur, prenons un point M à l'intérieur, par M, menons deux plans parallèles aux génératrices du cylindre faisant entre eux un angle *infiniment petit*. Ces plans découperont dans la surface du conducteur deux tranches; soient a et b les coupes des deux génératrices intérieures de la 1re tranche, α et β les coupes des deux génératrices intérieures de la 2me tranche. La section droite de la première tranche du conducteur cylindrique sera, à un infiniment petit près :

$$ab \times \varepsilon = ds,$$

ε étant l'épaisseur aa' du conducteur cylindrique; la section droite de la 2e tranche du conducteur cylindrique sera, à un infiniment petit près :

$$\alpha\beta \times \varepsilon = ds'.$$

Le champ Mf en M, dû à l'action de la 1re tranche, sera dirigé normalement à aM dans le plan de la figure; sa direction sera telle que le bonhomme d'Ampère couché le long de cette 1re tranche conductrice découpée, le courant lui entrant par les pieds pour sortir par sa tête, et regardant le point M, verra le point f sur sa gauche.

On verra facilement, à l'aide du même raisonnement, que le

---

(1) **M. A. Blondel** a publié, dans l'*Éclairage Électrique* du 24 novembre 1894, un très intéressant travail sur l'induction des lignes aériennes.

champ Mf'', dû à l'action de la 2ᵉ tranche, aura une direction exactement opposée à Mf; nous allons démontrer de plus que

$$Mf = Mf';$$

en effet, nous avons (fasc. III, p. 108) :

$$Mf = \frac{2i.ds}{Ma}\mu = 2i\varepsilon\frac{ab}{Ma}\mu,$$

i étant le courant par unité de section parcourant le conducteur cylindrique, μ la perméabilité du milieu à l'intérieur du conducteur, de même :

$$Mf' = \frac{2i\,ds'}{M\beta}\mu = 2i\varepsilon\frac{\alpha\beta}{M\beta}\mu,$$

or, dans le cercle O, les deux triangles semblables $M\alpha\beta$ et Mab donnent la relation

$$\frac{\alpha\beta}{ab} = \frac{M\beta}{Ma}, \quad \text{donc} \quad Mf = Mf'. \qquad \text{C. Q. F. D.}$$

Nous remarquerons que notre déduction est exacte, aussi bien dans l'hypothèse du courant constant, que dans celle du courant variable; la seule condition imposée dans la démonstration précédente est qu'à un instant donné, la densité du courant soit constante en tous les points du conducteur cylindrique infiniment mince· Prenons la question en sens inverse aux fins de démontrer qu'un flux *variable, intérieur* au cylindre conducteur, flux normal à l'axe du cylindre et pour lequel l'induction serait toujours la même en deux points à égale distance de l'axe, qu'un tel flux, disons-nous, ne peut produire aucune induction sur le cylindre qui entièrement l'enveloppe.

En effet, s'il y avait induction, le courant sur le long cylindre conducteur devrait être parallèle aux génératrices du cylindre conducteur. En effet, si ce conducteur est fixe, on peut naturellement supposer le champ, défini comme plus haut, constitué ainsi qu'un champ tourbillonnaire se résorbant ou s'étendant suivant les rayons du cylindre; autrement dit, le déplacement *relatif* du champ et du conducteur, en un point quelconque R de ce dernier, s'effectuera suivant le rayon, le champ tourbillonnaire étant, de plus, perpendiculaire en R au plan diamétral, la variation de la force électromotrice s'effectuera donc bien suivant la génératrice du cylindre, et ainsi, si un courant existe, il sera, au moins dans la partie *moyenne* d'un conducteur *très long*, parallèle aux génératrices du cylindre.

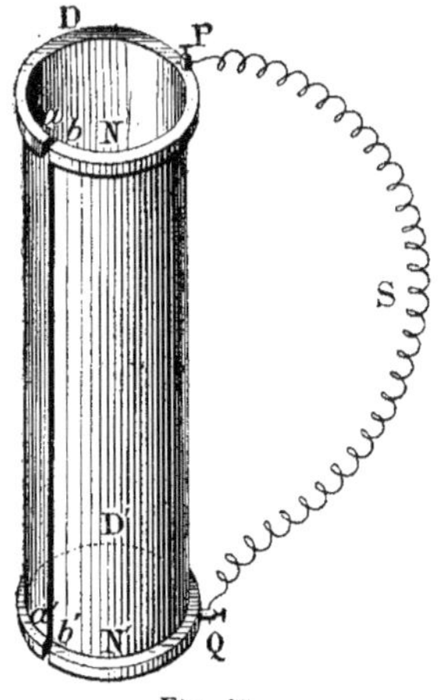

Fig. 35.

Ceci posé, nous pouvons distraire de ce cylindre (fig. 35) une bande infiniment petite suivant deux génératrices aa' et bb', et ce, sans nuire autrement qu'infiniment peu à la marche du phénomène ; le courant, qui pourrait alors se former dans le circuit constitué par le cylindre fendu et le conducteur quelconque PQS, serait créé par un champ *variable entièrement en dehors du circuit*, car on voit sur la figure que le champ intérieur au cylindre *fendu* ne *traverse* pas le circuit. Notre hypothèse sur l'existence du courant est donc absurde.

On aurait pu dire encore : si le courant existe du fait du champ variable dans un circuit fermé, comprenant le cylindre conducteur, ce courant suivra les génératrices : de plus, la densité de ce courant en tous les points du long cylindre conducteur sera la même, ainsi l'exige la symétrie résultant des données mêmes du problème ; le courant déterminera donc un flux nul en son intérieur comme nous l'avons démontré plus haut ; or, d'après la loi de Lenz, ce flux devrait s'opposer aux variations du flux inducteur ; comme il est nul, il faudrait que la loi de Lenz fût inexacte, à moins que ce ne soit l'hypothèse sur l'existence du courant qui soit téméraire. Le flux intérieur variable que nous avons au début spécifié ne produira donc aucune induction sur tous les cylindres concentriques qui l'enveloppent complètement. Nous verrons bientôt la conséquence de cette remarque.

Ceci posé, cherchons *le champ que le même conducteur cylindrique infiniment mince, découpé par la pensée dans un conducteur massif homogène, détermine en un point* M *de la masse extérieur à lui.*

Coupons par un plan normal aux génératrices passant par M,

puis, par ce point M, menons deux plans infiniment rapprochés parallèles aux génératrices du cylindre; soient M$a\alpha$ et M$b\beta$ les traces de ces plans sur la section droite (fig. 36); par un raisonnement semblable à celui fait précédemment, nous verrons que les champs en M, dus aux courants qui circulent respectivement dans les régions ab et $\alpha\beta$, sont égaux et de direction identique perpendiculaire à M$a\alpha$, nous avons, sur la figure, représenté leur somme par :

$$M f_1 = 4\mu i \frac{ab.\varepsilon}{u}$$

relation dans laquelle μ est la perméabilité du milieu, u la distance, Ma et ε l'épaisseur du conducteur cylindrique.

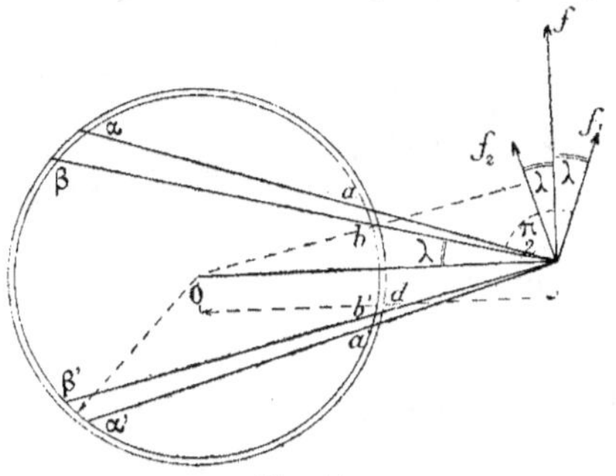

Fig. 36.

Si nous considérons deux plans symétriques des plans M$a\alpha$ et M$b\beta$ par rapport au plan diamétral MO du cylindre, un raisonnement déjà rappelé nous indiquerait que les champs en M, dus aux courants qui circulent respectivement dans les régions $a'b'$ et $\alpha'\beta'$, sont égaux et de direction identique perpendiculaire à M$a'\alpha'$. Leur somme Mf_2 est égale à Mf_1, ces deux segments sont, dans la section normale, symétriques l'un de l'autre par rapport à la perpendiculaire en M à MO. Il en résulte que toutes les composantes, telles que Mf_1 et Mf_2 provenant de l'action de chacune des parties du courant total circulant dans le cylindre, auront une résultante suivant cette perpendiculaire en M à MO.

Si nous appelons λ l'angle de la droite M$a\alpha$ avec MO, la résultante de Mf_1 et Mf_2 sera :

$$M f = 2 . M f_1 . \cos\lambda = 8\mu i \frac{ab.\varepsilon}{u} \cos\lambda,$$

or, dans le triangle aMb, nous avons :

$$\frac{ab}{\sin a\,\mathrm{M}\,b} = \frac{a\mathrm{M}}{\sin (a\,b\,\mathrm{M})},$$

c'est-à-dire, en remarquant que $a\mathrm{M}b = d\lambda$.

$$\frac{ab}{d\lambda} = \frac{a\mathrm{M}}{\sin (ab\mathrm{M})},$$

de sorte que :

$$\frac{ab}{u} = \frac{d\lambda}{\sin (ab\,\mathrm{M})},$$

mais, sur la figure, nous voyons que :

$$\pi - \widetilde{O\,b\,\mathrm{M}} = \widetilde{ab\,\mathrm{M}} - \frac{\pi}{2},$$

de sorte que :

$$\widetilde{ab\,\mathrm{M}} = \frac{3\pi}{2} - \widetilde{O\,b\,\mathrm{M}},$$

par suite

$$\sin (ab\,\mathrm{M}) = - \cos . \widetilde{O\,b\,\mathrm{M}},$$

d'ailleurs, dans le triangle $O b\mathrm{M}$, nous avons :

$$\frac{\sin (O\,b\,\mathrm{M})}{d} = \frac{\sin\lambda}{\mathrm{R}},$$

nous en tirons :

$$\cos (O\,b\,\mathrm{M}) = - \frac{1}{\mathrm{R}}\sqrt{\mathrm{R}^2 - d^2 \sin^2\!\lambda}.$$

en reportant :

$$\frac{ab}{u} = \frac{\mathrm{R}\,.\,d\lambda}{\sqrt{\mathrm{R}^2 - d^2 \sin^2\lambda}},$$

et ainsi :

$$\mathrm{M}f = 8\,\mu\,.\,\mathrm{R}\,i\,\varepsilon\,\frac{\cos\lambda\,.\,d\lambda}{\sqrt{\mathrm{R}^2 - d^2 \sin^2\lambda}},$$

ou encore, en posant $\dfrac{d}{\mathrm{R}}\sin\lambda = z$:

$$\mathrm{M}f = \frac{8\,\mu\,.\,\mathrm{R}\,.\,i\,\varepsilon}{d}\,.\,\frac{dz}{\sqrt{1 - z^2}}.$$

Pour intégrer cette relation, remarquons que la plus grande valeur de $\sin\lambda$ est égale à $\dfrac{\mathrm{R}}{d}$, de sorte que, pour avoir l'induction $\Delta\mathrm{B}$ en M, il faut intégrer de 0 à 1, et ainsi :

$$\Delta\mathcal{B} = \frac{4\pi\mu\,.\,\mathrm{R}\,i\,\varepsilon}{d};$$

Remarquons que $2\pi.R\varepsilon$ est l'aire S' de la section droite du conducteur cylindrique, de sorte que

$$\Delta\mathcal{B} = 2\,\frac{S'i\mu}{d}$$

or, $S'.i$ n'est autre que le courant total I qui traverse le conducteur cylindrique, et ainsi nous avons :

$$\Delta\mathcal{B} = \frac{2\mu.I}{d}.$$

L'induction en un point extérieur M *est la même que si le courant total avait pour siège l'axe même du cylindre.*

Cas d'un conducteur plein. — Si, reprenant notre conducteur cylindrique plein, nous le supposons constitué par une infinité de cylindres concentriques d'épaisseur infiniment mince, accolés les uns aux autres et d'épaisseur ε, nous aurons, en supposant i constant sur tous les tubes, pour induction totale en M :

$$\Sigma\Delta\mathcal{B} = \frac{4\pi\mu.i}{d}\int_0^R R\,dR,$$

car, l'épaisseur ε d'un cylindre élémentaire est l'augmentation dR de rayon donnée au gros cylindre, nous avons ainsi :

$$\mathcal{B} = \frac{2.\pi.\mu.R^2.i}{d}$$

en appelant S la section totale du cylindre, I le courant total nous avons ainsi :

$$\pi R^2 = S, \qquad S\,i = I,$$

$$\mathcal{B} = 2\,\frac{\mu.I}{d}.$$

Au point M d'un câble (fig. 37), le flux ne saurait provenir des couches de rayon plus grand que OM, c'est ce que nous avons démontré en premier lieu, donc le flux total au point M du câble situé à une distance d de l'axe du câble est :

$$\mathcal{B} = \frac{2.\pi.d^2.i.\mu}{d} = 2\pi.d.i.\mu;$$

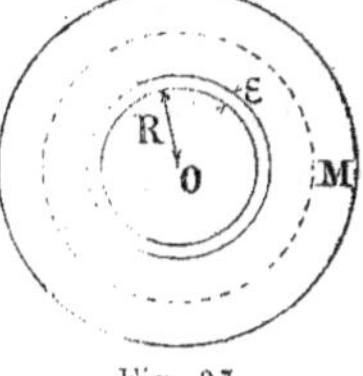

Fig. 37.

le flux d'induction croît donc du centre du câble à la périphérie.

La démonstration, il est vrai, suppose que la répartition du courant est uniforme dans toute la section normale du conducteur, ce qui est inexact dans le cas d'un courant ondulatoire.

Cas d'un courant d'intensité variable avec le temps. — Reprenons un conducteur cylindrique homogène, *nous n'admettons pas* que la répartition du courant soit, à chaque instant, uniforme; seulement, ce que nous devrons admettre, c'est qu'à chaque instant, la densité du courant, en tous les points d'une surface cylindrique concentrique, est la même. Il en résulte que l'induction, à tous instants, va se répartir de *façon uniforme par couches concentriques à l'axe du conducteur*, en restant de plus normal, en chaque point, au plan diamétral passant par ce point. Or, nous avons vu au précédent paragraphe qu'un tel flux n'avait *aucune action* sur un cylindre concentrique, conducteur infiniment mince, qui l'*envelopperait*, de sorte que chacun des cylindres infiniment minces, en lesquels le gros conducteur peut se décomposer, ne subira que l'induction du flux qui lui sera extérieur; la conclusion est que les tubes infiniment minces, voisins de l'axe du conducteur, seront influencés par un nombre de lignes de force *plus considérable* que les tubes périphériques.

En conséquence, le coefficient de self-induction va en augmentant de l'extérieur vers l'intérieur, de sorte que le conducteur, soumis à une différence de potentiel variable, verra le courant se porter à sa périphérie. Il en résulte pour le câble une augmentation de résistance désignée sous le nom d'*effet Kelvin*. Dans le cas d'un courant périodique, dont nous nous occuperons dans la suite, cet effet s'aggrave évidemment avec l'augmentation de la fréquence, de sorte que, pour les courants à très haute fréquence, tels ceux que la foudre détermine, ce seront les conducteurs qui, à *section égale*, présenteront le plus grand périmètre qui offriront la moindre résistance au passage du courant.

Potier a établi une formule permettant d'exprimer le rapport entre, d'une part, la résistance R_a d'un fil rond en métal non magnétique pour les courants alternatifs de période T et, d'autre part, celle R_c du même fil dans l'usage du courant continu. En appelant d le diamètre du fil, ρ la résistance spécifique, l sa longueur, on a :

$$R_c = \frac{4\,l\rho}{\pi d^2},$$

avec :

$$R_a = R_c \left[1 + \frac{1}{1.2} \frac{l^2}{R_c^2} \left(\frac{2\pi}{T}\right)^2 - \frac{1}{180} \frac{l^4}{R_c^4} \left(\frac{2\pi}{T}\right)^4 + \ldots \right].$$

C'est cette résistance qui devra, dans les calculs sur les courants alternatifs, remplacer la résistance ohmique à courant continu pour l'évaluation de la puissance gaspillée par effet Joule.

On voit que $\frac{R_a}{R_c}$ est fonction du quotient $\frac{d^2}{T^2}$; en prenant le cuivre, dont la résistance spécifique en CGS est 1597, on peut établir une série de valeurs de $\frac{R_a}{R_c}$:

VALEUR DE $\frac{d^2}{T}$	VALEUR $\frac{R_a}{R_c}$
0	1,0000
80	1,0001
320	1,0805
980	1,492
2.000	2,043
5.120	3,0956
8.000	3,7940
18.000	5,5732
32.000	7,3250

On voit sur ce tableau que l'économie oblige à ne pas employer pour des courants alternatifs intenses des câbles trop gros; il sera préférable d'employer des bandes, des tubes ou des torons.

L'effet Kelvin est plus accentué avec un fil magnétique qu'avec un fil non magnétique.

A partir d'une certaine profondeur δ dans le fil comptée depuis la surface externe, le courant est réduit au $\frac{1}{n}$ de sa valeur, cette profondeur est évaluée par la formule suivante que nous donnons sans démonstration :

$$\delta = \frac{\text{Log}_e\, n}{\sqrt{2\pi.\mu.c}} \cdot \frac{1}{\sqrt{\omega}},$$

dans laquelle μ est la perméabilité, c la conductibilité. Avec le cuivre $\mu = 1$, $c = 1597$, si l'on cherche la valeur de δ correspondant à $n = 100$, lorsque $T = \frac{1}{25.10^6}$, on trouve :

$$\delta = \frac{58}{1.000} \text{ centimètre.}$$

CHAPITRE IV

Courants alternatifs.

Ce sont des courants alternatifs que les dispositifs mécaniques basés sur l'induction produisent avec le minimum de simplicité. — 1° Considérons un cerceau C enroulé de plusieurs spires d'un même fil conducteur, ces N spires déterminent une hélice de pas suffisamment petit pour qu'il nous soit permis d'assimiler chaque spire à un plan de direction commune. Supposons que ce cerceau, (fig. 38), puisse tourner autour d'un axe confondu avec un diamètre, et, sur celui-ci, supposons disposées deux bagues métalliques isolées électriquement de l'axe et que nous désignerons par p et q sur la figure. Sur ces bagues, peuvent frotter deux balais métalliques P et Q formant les extrémités d'un circuit *fixe extérieur*, indépendant des mouvements du cerceau, quoique fermant le circuit déterminé par les spires de ce cerceau.

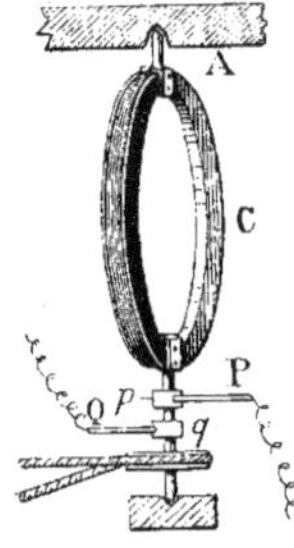

Fig. 38.

Ceci établi, admettons que ce cerceau tourne autour de son axe avec une vitesse constante de n tours à la seconde, noyé dans un champ magnétique de direction et d'intensité constantes, perpendiculaire à l'axe de rotation du cerceau (fig. 39). Pour étudier le phénomène, faisons choix des axes de coordonnées suivants : 1° pour axe des y, l'axe de rotation AB du cerceau ; 2° pour axe des x, la direction parallèle au champ passant par le centre du cerceau ; 3° pour axe des z une perpendiculaire aux

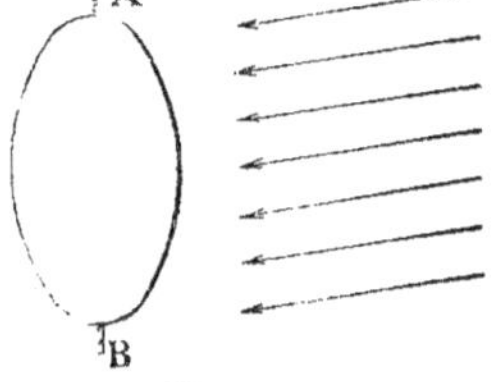

Fig. 39.

deux premiers. Si θ est l'angle que fait, au temps t, la normale commune aux spires avec l'axe des x, nous aurons :

$$\theta = \omega t,$$

en appelant $T = \dfrac{1}{n}$, le temps d'une révolution complète d'une spire, nous obtiendrons la relation de condition :

$$2\pi = \omega T,$$

d'où :

$$\theta = \frac{2\pi}{T} t,$$

si S est la surface d'une spire, le flux qui traverse cette spire au temps t est donné évidemment par la relation :

$$\Phi = S.\cos \frac{2\pi}{T} t,$$

d'où

$$-\frac{d\Phi}{dt} = S.\frac{2\pi}{T} \sin \frac{2\pi}{T} t;$$

la force électromotrice totale des N spires sera donc de :

$$E = N.S.\frac{2\pi}{T}.\sin \frac{2\pi}{T} t$$

C'est une fonction périodique simple de période T. En résumé, avec un appareil très simple, on parvient à introduire dans le circuit formé par les N spires et un circuit extérieur une force électromotrice alternative. On dit aussi que le courant alternatif a un nombre de périodes égal à $n = \dfrac{1}{T}$ ou une fréquence égale à n, l'alternance est le double de la fréquence.

2° Au lieu d'un seul cerceau, disposons 3 cerceaux solidaires C_1, C_2, C_3, identiques, de surface S, enroulés chacun de N tours de conducteurs électriques identiques, pouvant tourner chacun autour d'un diamètre commun leur servant d'axes auxquels ils sont supposés invariablement fixés. Supposons, de plus, que ces cerceaux, faisant entre eux deux à deux un angle de $\dfrac{2\pi}{3}$, (fig. 40), aient leurs extrémités aboutissant, le 1er cerceau à deux bagues métalliques p_1 et q_1, le 2e à deux bagues p_2 et q_2, le 3e à deux bagues p_3 et q_3; nous supposons toutes ces bagues *isolées électriquement* de l'axe, et aussi que, sur p_1 et q_1 viennent respectivement frotter deux balais métalliques P_1 et Q_1 formant les extrémités d'un circuit *fixe extérieur* bouclant les spires du 1er cerceau ; supposons également que des balais P_2 et Q_2, P_3 et Q_3, jouent pour les deux autres cerceaux des rôles identiques.

Si l'ensemble des cerceaux, supposé noyé dans un champ normal à l'axe, tourne à vitesse constante, de façon à faire un tour en T seconde, nous aurons, en suivant le raisonnement du cas précédent, *au même temps* t, *dans chacun des trois circuits*, une force électromotrice ; ces forces électromotrices auront les valeurs suivantes :

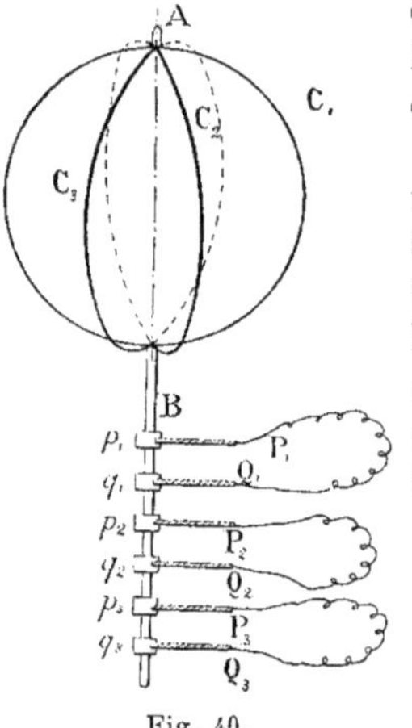

Fig. 40.

$$E_1 = \text{N.S.} \frac{2\pi}{T} \sin \frac{2\pi}{T} t$$

$$E_2 = \text{N.S.} \frac{2\pi}{T} . \sin \left(\frac{2\pi}{T} t - \frac{2\pi}{3} \right)$$

$$E_3 = \text{N.S.} \frac{2\pi}{T} . \sin \left(\frac{2\pi}{T} t - \frac{4\pi}{3} \right)$$

Nous dirons que les trois circuits sont le siège de trois *forces électromotrices triphasées ;* les courants qui, dans chacun des circuits, résulteront de l'existence des forces électromotrices, s'appelleront *courants triphasés.*

On peut généraliser en supposant *m* cerceaux au lieu de 3 ; la théorie sera toujours la même, on aura, dans le cas de *m* cerceaux, *m forces électromotrices polyphasées* décalées les unes des autres de $\frac{2\pi}{m}$; à chacune de ces *m* forces électromotrices, correspondra, dans chaque circuit, un courant ; l'ensemble constituera *m* courants polyphasés.

Lorsque $m = 1$, on dira qu'on a affaire à un *courant monophasé ;* deux cerceaux à angle droit donneront naissance à des *forces électromotrices diphasées*, lorsque $m = 3$, on aura des *courants triphasés :* lorsque $m = 5$, on se trouvera en présence de courants *pentaphasés*, etc., etc., avec cette restriction qu'en pratique, les courants monophasés, diphasés et triphasés sont les seuls utilisés ; les courants diphasés s'employant même de moins en moins.

Remarque au sujet des connexions de courants polyphasés. — Pour simplifier notre examen, bornons-nous à envisager les courants triphasés. Nous supposerons que les bagues p correspondent à des extrémités analogues des circuits enroulés sur chaque cerceau; autrement dit, si nous admettons, par la pensée, un des cerceaux ramené, par une rotation autour de son axe, à coïncider avec le cerceau voisin, comme *les cerceaux sont en tout identiques*, chaque point de chaque spire du premier cerceau viendra coïncider avec un point déterminé d'une certaine spire du second cerceau; dans ces conditions, nous admettons que l'extrémité p_1 du premier cerceau viendra coïncidér avec l'extrémité p_2 du second.

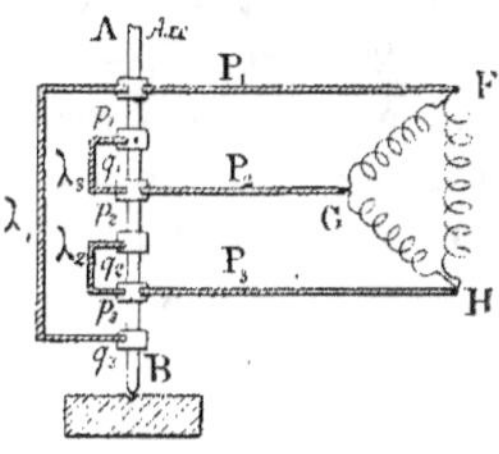

Fig. 41.

Ceci posé, point n'est besoin de supposer l'existence de six bagues et de six balais distincts; nous allons, en effet, démontrer que ce nombre peut se réduire à trois.

1re *méthode.* — Connectons ensemble, par un fil conducteur λ_1, p_1 et q_3; puis p_3 avec q_2 avec un autre fil λ_2; et enfin p_2 et q_1;

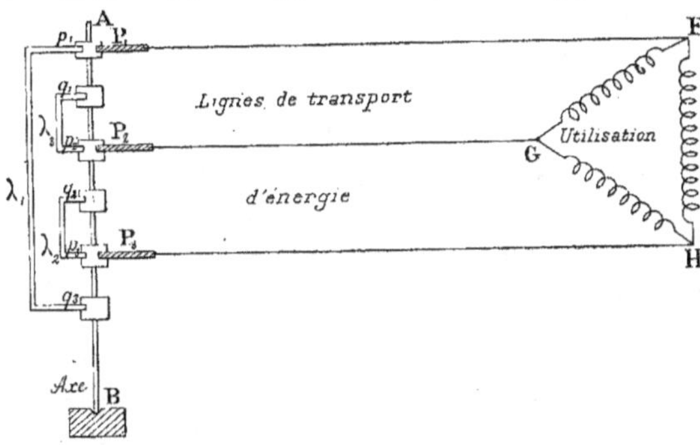

Fig. 42.

nous voyons facilement (fig. 41 et 42) que rien ne sera changé dans nos conclusions (1), la figure 42 suppose que les trois circuits d'utilisation

---

(1) Nous représentons schématiquement les trois circuits, branchés aux bornes des trois cerceaux, par trois circuits occupant les positions des trois côtés d'un triangle équilatéral.

(bouclant les circuits des trois cerceaux) ne prennent pas naissance immédiatement après les trois bagues collectrices, auxquelles se réduisent les six bagues du cas général, mais que les extrémités de ces circuits sont reliés à ces bagues par trois fils conducteurs. Ces trois fils conducteurs prennent le nom de *lignes triphasée*. Le montage que nous venons d'indiquer se nomme *montage en triangle*.

2ᵉ *méthode*. — Connectons ensemble p_1, p_2 et p_3 par un fil conducteur λ, nous verrons encore facilement que nos conclusions générales (1) ne seront pas changées, relativement à la production des forces électromotrices dans chacun des circuits d'utilisation. La

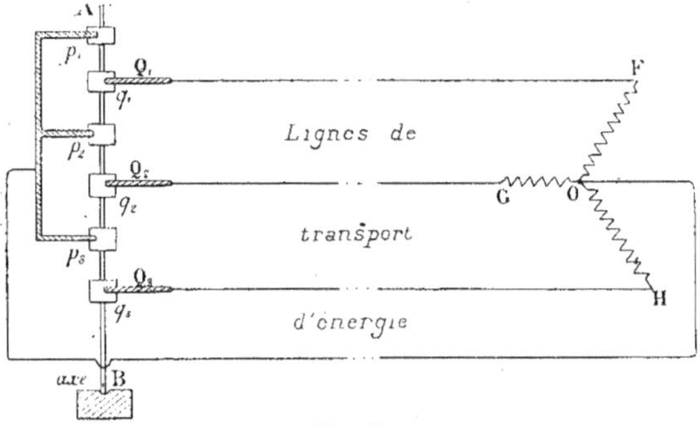

Fig. 43.

figure 43 suppose que les circuits d'utilisation (bouclant les circuits des cerceaux) ne prennent pas naissance immédiatement après les quatres bagues collectrices, auxquelles se réduisent les six bagues du cas général, mais que les extrémités de ces circuits sont reliées à ces bagues par quatre fils conducteurs ; on verra facilement dans la suite que le fil qui aboutit aux points communs (p_1, p_2, p_3) n'est pas indispensable, *lorsque les circuits d'utilisation sont identiques* ; l'ensemble de cette ligne de transport prendra encore le nom de *ligne triphasée*, mais le montage de l'utilisation est dit *montage en étoile*.

Étude d'un circuit simple de résistance R, de self-induction $\mathcal{L}$ supposé le

---

(1) Nous représentons les trois circuits, branchés aux bornes des trois cerceaux, par trois circuits égaux ayant une extrémité commune, dirigés dans un même plan faisant, entre eux deux à deux, des angles égaux.

siège d'une force électromotrice alternative. — L'équation générale de l'induction

$$0 = RI + \mathcal{L}\frac{dI}{dt} + \frac{d\Phi_e}{dt}$$

devient en supposant :

$$-\frac{d\Phi_e}{dt} = E_{max}\sin\frac{2\pi}{T}t,$$

$$E_{max}\sin\frac{2\pi}{T}t = RI + \mathcal{L}\frac{dI}{dt}.$$

C'est cette dernière équation qu'il s'agit de résoudre. A cet effet, posons d'abord :

$$\frac{2\pi}{T} = \omega$$

nous aurons ainsi :

$$E_{max}\sin\omega t = RI + \mathcal{L}\frac{dI}{dt};$$

supposons que $\mathfrak{I}$ soit une solution quelconque du problème, nous aurons :

$$E_{max}\sin\omega t = R\mathfrak{I} + \mathcal{L}\frac{d\mathfrak{I}}{dt},$$

ou encore, en retranchant membre à membre les deux égalités précédentes :

$$0 = R\,(I - \mathfrak{I}) + \mathcal{L}\frac{d\,(I - \mathfrak{I})}{dt},$$

si nous posons :

$$I - \mathfrak{I} = u,$$

nous aurons :

$$0 = Ru + \mathcal{L}\frac{du}{dt},$$

d'où immédiatement :

$$u = Ce^{-\frac{R}{L}t};$$

en cette formule C est une constante qu'il s'agira ultérieurement de déterminer, s'il y a lieu ; nous aurons, en conséquence :

$$I = \mathfrak{I} + Ce^{-\frac{R}{\mathcal{L}}t}$$

c'est-à-dire que la solution générale I sera déterminée, à la constante C près, lorsqu'uue solution particulière $\mathcal{J}$ sera connue. Cherchons si une solution particulière ne peut pas être de la forme suivante :

$$\mathcal{J} = A \sin \omega t + B \cos \omega t,$$

il faut alors que l'expression suivante devienne une identité, quelle que soit t :

$$E_{max} \sin \omega t = R \mathcal{J} + \mathcal{L} \frac{d\mathcal{J}}{dt},$$

c'est-à-dire que :

$$E_{max} = A.R - B.\mathcal{L}\omega,$$
$$0 = A.\mathcal{L}\omega + B.R ;$$

ou bien que soient vérifiées les égalités équivalentes suivantes :

$$A = E_{max} \frac{R}{R^2 + \mathcal{L}^2\omega^2},$$
$$B = - E_{max} \frac{\mathcal{L}\omega}{R^2 + \mathcal{L}^2\omega^2};$$

pour simplifier les notations, posons :

$$\operatorname{tg} \varphi = \frac{\mathcal{L}\omega}{R} = \frac{2\pi}{T} \cdot \frac{\mathcal{L}}{R},$$

nous obtenons :

$$A = E_{max} \frac{\cos \varphi}{\sqrt{R^2 + \mathcal{L}^2\omega^2}},$$
$$B = - E_{max} \frac{\sin \varphi}{\sqrt{R^2 + \mathcal{L}^2\omega^2}}$$

En reportant dans $\mathcal{J}$, nous obtenons :

$$\mathcal{J} = \frac{E_{max}}{\sqrt{R^2 + \mathcal{L}^2\omega^2}} \sin(\omega t - \varphi),$$
$$\text{avec} \quad \operatorname{tg} \varphi = \frac{\mathcal{L}\omega}{R}.$$

La solution générale du problème est ainsi :

$$I = \frac{E_{max}}{\sqrt{R^2 + \mathcal{L}^2\omega^2}} \sin(\omega t - \varphi) + C e^{-\frac{R}{\mathcal{L}}t}.$$

Le terme $C. e^{-\frac{R}{\mathcal{L}}t}$ *tend rapidement vers zéro, dès que t com-*

mence à croître; après un court instant, ce terme devient négligeable (1) et la valeur de I est donnée par la relation

$$I = \frac{E_{max}}{\sqrt{R^2 + \mathcal{L}^2\omega^2}} \sin(\omega t - \varphi);$$

ou, en posant :

$$I_{max} = \frac{E_{max}}{\sqrt{R^2 + \mathcal{L}^2\omega^2}},$$

on aura :

$$I = I_{max} . \sin(\omega t - \varphi).$$

L'expression $\sqrt{R^2 + \mathcal{L}^2\omega^2}$ s'appelle *l'impédance* du circuit, ou encore la résistance apparente du circuit, exprimant que le courant est empêché de prendre des valeurs indéfinies grâce à l'existence de de l'impédance.

Décalage. — Puissance moyenne. — Force électromotrice efficace. — Courant efficace. — L'angle φ se nomme *angle de décalage* du courant sur la force électromotrice. La force électromotrice a pour valeur maxima E_{max} et pour valeur minima $- E_{max}$, le courant I_{max} a pour valeur maxima $\frac{E_{max}}{\sqrt{R^2 + \mathcal{L}^2\omega^2}}$ et pour valeur minima $- \frac{E_{max}}{\sqrt{R^2 + \mathcal{L}^2\omega^2}}$, on voit que la présence de la self-indication $\mathcal{L}$ a pour effet de décaler le courant sur la force électromotrice et de diminuer les valeurs extrêmes de l'intensité dans le circuit.

Pendant un temps très court dt, l'énergie électrique dépensée dans le circuit est évidemment :

$$dW = E_{max} \sin \omega t \times \frac{E_{max}}{\sqrt{R^2 + \mathcal{L}^2\omega^2}} . \sin(\omega t - \varphi) dt,$$

cette expression est obtenue en multipliant par dt la force électromo-

---

(1) Si on voulait déterminer C, ce qui est d'ailleurs bien peu intéressant dans le cas présent, il faudrait écrire que, pour

$$t = 0, \text{ on a } I = 0;$$

on trouverait ainsi :

$$C = \frac{E_{max} . \mathcal{L}\omega}{R^2 + \mathcal{L}^2\omega^2}.$$

trice au temps t, par le courant qui circule au même moment; cette valeur se transforme immédiatement en la suivante :

$$d\,W = \frac{E^2_{max}}{\sqrt{R^2 + \mathcal{L}^2\,\omega^2}} \times \frac{\cos\varphi - \cos(2\,\omega\,t - \varphi)}{2} \times dt,$$

ou encore :

$$d\,W = \frac{E^2_{max}}{\sqrt{R^2 + \mathcal{L}^2\,\omega^2}} \times \frac{\cos\varphi - \cos\left(\frac{4\,\pi}{T}\,t - \varphi\right)}{2}\,dt,$$

or, à chaque période de temps T, le phénomène se reproduit identiquement, de sorte que la puissance *moyenne* dépensée en échauffement dans le circuit, au cours d'une seule période, donnera une idée absolument nette de la puissance moyenne que le phénomène électrique met en jeu dans le circuit, ainsi la puissance moyenne P aura pour expression :

$$P = \frac{1}{2\,T}\,\frac{E^2_{max}}{\sqrt{R^2 + \mathcal{L}^2\,\omega^2}}\int_0^T\left[\cos\varphi - \cos\left(\frac{4\,\pi}{T}\,t - \varphi\right)\right]dt,$$

l'intégration est immédiate, elle donne pour valeur de P l'expression :

$$P = \frac{E^2_{max}}{2\,\sqrt{R^2 + \mathcal{L}^2\,\omega^2}}\,\cos\varphi.$$

Supposons, pour un instant, que nous ayons affaire à un circuit sans self-induction, c'est-à-dire en lequel $\mathcal{L} = 0$, nous aurons :

$$P = \frac{E^2_{max}}{2\,R},$$

remarquons que si, dans ce même circuit de résistance R, nous appliquons une force électromotrice *constante* de valeur :

$$E_{eff} = \frac{E_{max}}{\sqrt{2}},$$

la puissance électrique dépensée dans le circuit sera encore :

$$P = \frac{E^2_{max}}{2\,.\,R},$$

autrement dit, l'expression E_{eff} est une *grandeur caractéristique*

*constante susceptible d'être substituée à la force électromotrice alter-
native* $E_{max} \sin \mathfrak{s}\, t$; d'ailleurs, il est facile de vérifier que :

$$E^2_{eff} = \frac{1}{T} \int_0^T E^2_{max} \times \sin^2 \omega t \times dt.$$

D'une façon générale, nous appellerons *force électromotrice
efficace* d'une force électromotrice donnée E, de période T, l'expression fournie par la formule

$$E^2_{eff} = \frac{1}{T} \int_0^T E^2 . dt,$$

c'est d'ailleurs la *force électromotrice efficace que fournit la lecture
d'un électromètre* dont les deux bornes sont connectées avec les
extrémités du circuit, siège d'une force électromotrice périodique
(fascicule I, page 121).

L'expression de la puissance moyenne peut encore s'écrire :

$$P = \frac{E^2_{max}}{2\sqrt{R^2 + L^2 \omega^2}} \cos \varphi = \frac{R}{2} \times \frac{E^2_{max}}{R^2 + L^2 \omega^2} = \frac{R I^2_{max}}{2},$$

remarquons maintenant que si, dans ce même circuit de résistance R,
nous faisons circuler un courant *constant* de valeur :

$$I_{eff} = \frac{I_{max}}{\sqrt{2}},$$

la puissance électrique dépensée dans ce circuit sera encore :

$$P = R \frac{I^2_{max}}{2}$$

autrement dit, l'expression I_{eff} est *une grandeur caractéristique
constante susceptible d'être substituée*, en partie au moins, *à la
notion de courant sinusoïdal* $I_{max} \sin (\omega t - \varphi)$; d'ailleurs, il est facile
de vérifier que :

$$I^2_{eff} = \frac{1}{T} \int_0^T I^2_{max} \sin (\omega t - \varphi) dt.$$

D'une façon générale, nous appellerons *intensité efficace* d'un
courant I donné, de période T, l'expression fournie par la formule :

$$I^2_{eff} = \frac{1}{T} \int_0^T I^2 dt,$$

c'est d'ailleurs *l'intensité efficace que fournit la lecture d'un électrodynamomètre*, (fasc. IV), dontles deux bornes sont connectées avec les extrémités du circuit parcouru par le courant périodique.

L'expression de P peut encore prendre la forme suivante :

$$P = \frac{E_{max}}{2\sqrt{R^2 + \mathcal{L}^2\omega^2}} \times \cos\varphi = \frac{E_{max}}{\sqrt{2}} \times \frac{I_{max}}{\sqrt{2}} \times \cos\varphi$$

ou encore :

$$P = E_{eff} \times I_{eff} \times \cos\varphi,$$

ce qu'on exprime de la façon suivante : *La puissance moyenne d'un courant alternatif est fournie par le produit de la force électromotrice efficace par le courant efficace et le cosinus de l'angle de décalage.*

Nous remarquerons enfin que :

$$I_{eff} = \frac{I_{max}}{\sqrt{2}} = \frac{E_{max}}{\sqrt{2}} \times \frac{1}{\sqrt{R^2 + \mathcal{L}^2\omega^2}} = \frac{E_{eff}}{\sqrt{R^2 + \mathcal{L}^2\omega^2}}.$$

Autrement dit : *l'intensité efficace* est le quotient de la *force élec-*

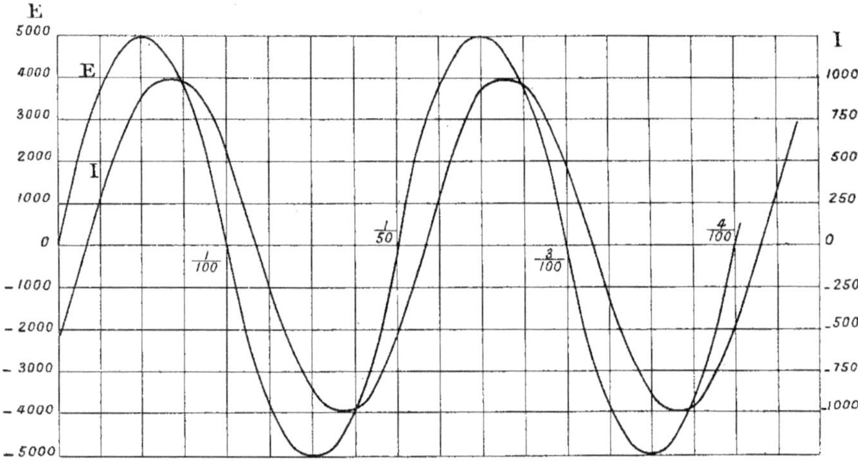

Fig. 44.

tromotrice efficace par *l'impédance du circuit*, c'est la loi d'Ohm généralisée aux courants périodiques.

La figure 44 donne la représentation en coordonnées cartésiennes des fonctions force électromotrice et intensité relatives à un circuit qui serait caractérisé par les constantes suivantes :

$$E_{max} = 5.000 \text{ volts}$$

$$I_{max} = \frac{5.000}{\sqrt{R^2 + L^2 \omega^2}} = \frac{5.000}{\sqrt{16 + 9}} = 1.000 \text{ amp.}$$

$$R = 4 \text{ ohms}$$

$$\operatorname{tg} \varphi = \frac{L \omega}{R} = \frac{3}{4}$$

$$T = \frac{1}{50} \text{ sec}, \quad \omega = \frac{2\pi}{T} = 314$$

$$\varphi = 36°52'; \quad \cos\varphi = 0,80$$

$$\mathcal{L} = 0,0095 \text{ henry}.$$

$$\text{Puissance} = \frac{5.000 \times 1.000}{2} \times 0,8 = 2 \times 10^6 \text{ watts}.$$

Étude d'un circuit simple de résistance R, de self-induction $\mathcal{L}$, de capacité C, supposé le siège d'une force électromotrice alternative. — La figure 45 indique schématiquement la composition du circuit, soit v la différence de potentiel variable localisée à un instant donné t aux bornes de la capacité; l'équation générale de l'induction se transforme ainsi :

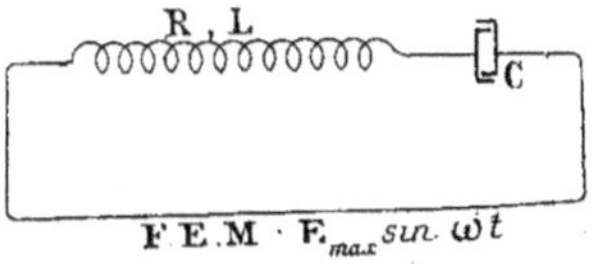

Fig. 45.

$$0 = R.I + \mathcal{L}\frac{dI}{dt} + v + \frac{d\Phi_e}{dt},$$

et comme :

$$E = -\frac{d\Phi_e}{dt} = E_{max} \sin \frac{2\pi}{T} t = E_{max} \sin . \omega t,$$

nous aurons :

$$E_{max} \sin \omega t = RI + \mathcal{L}\frac{dI}{dt} + v,$$

or, si dQ est la quantité d'électricité qui est venue, pendant le court espace dt, accroître la charge du condensateur, nous aurons :

$$I = \frac{dQ}{dt}, \quad dQ = C\,dv,$$

donc :

$$I = C\frac{dv}{dt};$$

différentions l'équation générale de l'induction précédemment écrite, nous aurons :

$$E_{max}.\omega.\cos \omega t = R.\frac{dI}{dt} + \mathcal{L}\frac{d^2 I}{dt^2} + \frac{I}{C},$$

supposons que J soit une solution quelconque du problème, nous aurons :

$$E_{max}.\omega.\cos\omega t = R.\frac{dJ}{dt} + \mathcal{L}\frac{d^2J}{dt^2} + \frac{J}{C},$$

retranchons, membre à membre, les deux dernières relations, nous déduirons, en posant $u = I - J$:

$$0 = \mathcal{L}\frac{d^2u}{dt^2} + R\frac{du}{dt} + \frac{u}{C},$$

ou encore :

$$0 = \mathcal{L}C\frac{d^2u}{dt^2} + RC.\frac{du}{dt} + u,$$

nous avons déjà rencontré cette équation différentielle (fasc. IV, p. 3), nous savons que la solution générale est :

$$u = a.e^{\left(-\frac{R}{2\mathcal{L}}+\frac{\sqrt{R^2C^2-4.\mathcal{L}.C}}{2.\mathcal{L}.C}\right)t} + b.e^{\left(-\frac{R}{2\mathcal{L}}-\frac{\sqrt{R^2C^2-4.\mathcal{L}.C}}{2.\mathcal{L}.C}\right)t},$$

les quantités en exposant écrites entre parenthèses sont les racines de l'équation du 2e degré :

$$\mathcal{L}C.X^2 + R.C.X + 1 = 0$$

Deux cas peuvent se présenter :

1° Les racines sont réelles; comme leur produit est positif, elles sont de même signe, mais, leur somme étant négative, elles sont l'une et l'autre négatives; et ainsi u est une fonction $f(t)$ rapidement évanouissante lorsque t croît.

2° Les racines sont imaginaires; dans ce cas, la valeur de u peut ainsi s'écrire :

$$u = e^{-\frac{R}{2\mathcal{L}}t}\left[a\,e^{\frac{\sqrt{R^2C^2-4\mathcal{L}C}}{2\mathcal{L}C}t} + b\,e^{-\frac{\sqrt{R^2C^2-4\mathcal{L}C}}{2\mathcal{L}C}t}\right]$$

le premier facteur est un terme évanouissant avec t; quant à la parenthèse, on peut l'écrire :

$$Z = a\,e^{kt\sqrt{-1}} + b\,e^{-kt\sqrt{-1}},$$

en posant préalablement :

$$\frac{R^2C^2 - 4\mathcal{L}.C}{4\mathcal{L}^2C^2} = -k^2 \ (k \text{ étant réel}),$$

cette parenthèse a donc la forme :

$$Z = a \left(\cos kt + \sqrt{-1}\, \sin kt\right) + b \left(\cos kt - \sqrt{-1}\, \sin kt\right),$$

la condition que Z soit réel et les déterminations des constantes par la considération des limites n'empêcheront pas que Z devra garder, pour toutes les valeurs de t, un module fini. Par conséquent :

$$u = e^{-\frac{R}{2\mathcal{L}}t} \times Z$$

est une fonction $f(t)$, rapidement évanouissante lorsque t croît.

La solution générale I sera donc déterminée, lorsqu'une solution particulière $\mathcal{J}$ sera connue, car :

$$I = \mathcal{J} + u \quad \text{ou bien} \quad I = \mathcal{J} + f(t).$$

Cherchons si $\mathcal{J}$ ne peut pas avoir la forme suivante :

$$\mathcal{J} = A \sin \omega t + B \cos \omega t,$$

il faut alors que nous ayons :

$$\left\{ \begin{aligned} \omega . E_{max} &= \left(\frac{1}{C\omega} - \mathcal{L}\,\omega^2\right) B + R.\omega.A, \\ 0 &= -R.\omega.B + \left(\frac{1}{C\omega} - \mathcal{L}\,\omega^2\right) A, \end{aligned} \right.$$

nous en tirons :

$$\left\{ \begin{aligned} B &= \frac{E_{max}\left(\dfrac{1}{C.\omega} - \mathcal{L}\,\omega\right)}{\left[\dfrac{1}{C.\omega} - \mathcal{L}\,\omega\right]^2 + R^2}, \\[2ex] A &= \frac{E_{max}.R}{\left[\dfrac{1}{C\omega} - \mathcal{L}\,\omega\right]^2 + R^2}; \end{aligned} \right.$$

posons :

$$\operatorname{tg} \varphi = \frac{\mathcal{L}\,\omega - \dfrac{1}{C.\omega}}{R},$$

d'où :

$$\sin \varphi = \frac{\mathcal{L}\,\omega - \dfrac{1}{C.\omega}}{\sqrt{\left(\mathcal{L}\,\omega - \dfrac{1}{C\omega}\right)^2 + R^2}}, \qquad \cos \varphi = \frac{R}{\sqrt{\left(\mathcal{L}\,\omega - \dfrac{1}{C.\omega}\right)^2 + R^2}};$$

en substituant, $\mathcal{J}$ prend la forme :

$$\mathcal{J} = \frac{E_{max}}{\sqrt{\left(L\omega - \dfrac{1}{C\omega}\right)^2 + R^2}} \, (\sin \omega t - \varphi),$$

en sorte que I se trouve exprimé par la formule :

$$I = \frac{E_{max}}{\sqrt{\left(L\omega - \dfrac{1}{C\omega}\right)^2 + R^2}} \, \sin(\omega t - \varphi) + f(t),$$

après les quelques premiers instants de durée du phénomène, $f(t)$ prend une valeur absolument négligeable, et l'expression du courant est définitivement alors :

$$I = \frac{E_{max}}{\sqrt{\left(L\omega - \dfrac{1}{C\omega}\right)^2 + R^2}} \, \sin(\omega t - \varphi).$$

Cette formule comprend, comme cas particulier, celle établie au paragraphe précédent; il suffit de faire $\dfrac{1}{C} = 0$ pour retomber sur ce cas déjà examiné.

En posant encore :

$$\begin{cases} E_{eff} = \dfrac{E_{max}}{\sqrt{2}} \\[2em] I_{max} = \dfrac{E_{max}}{\sqrt{\left(L\omega - \dfrac{1}{C\omega}\right)^2 + R^2}}, \\[2em] I_{eff} = \dfrac{I_{max}}{\sqrt{2}}, \end{cases}$$

on reconnaîtra que, comme dans le cas précédemment examiné, la puissance moyenne doit être exprimée par la relation :

$$P = E_{eff} . I_{eff} \times \cos \varphi,$$

Discussion. — Il peut se présenter 3 cas bien distincts :

$$1^{er}\ \text{cas} : L\omega - \frac{1}{C\omega} > 0,$$

$$2^{e}\ \text{cas} : L\omega - \frac{1}{C\omega} < 0,$$

$$3^{e}\ \text{cas} : L\omega - \frac{1}{C\omega} = 0.$$

Le premier cas correspond à tg$\varphi > 0$; on dit, dans ce cas, que le courant est *décalé en arrière* de la force électro-motrice.

Le deuxième cas est celui pour lequel l'influence de la capacité l'emporte sur l'influence de la self-induction. Dans ce cas tg$\varphi < 0$, on dit que le courant est *décalé en avant* de la force électromotrice.

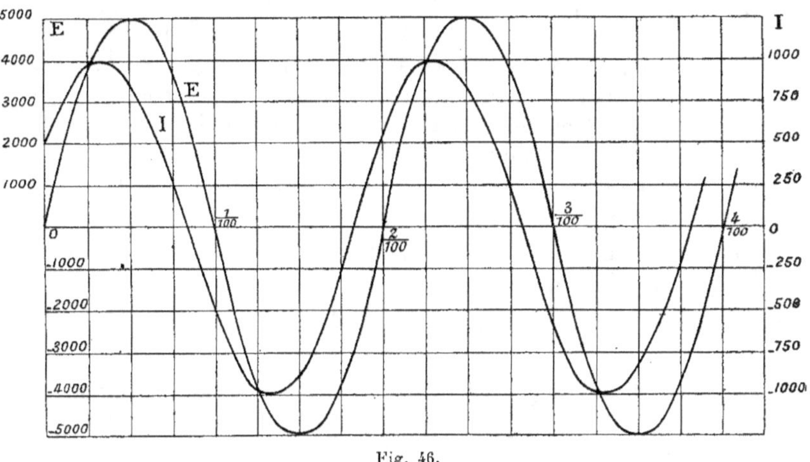

Fig. 46.

Le cas correspondant à la fig. 46 serait spécifié par les constantes suivantes :

$$E_{max} = 5.000 \text{ volts,}$$
$$R = 4 \text{ ohms,}$$
$$T = \frac{1}{50}, \quad \omega = \frac{2\pi}{T} = 314,$$
$$\mathcal{L} = 0 \quad C = \frac{1}{942},$$

$$I_{max} = \frac{5.000}{\sqrt{R^2 + \frac{1}{C^2\omega^2}}} = \frac{5.000}{\sqrt{16+9}} = 1.000 \text{ amp.}$$

$$\text{tg}\,\varphi = \frac{-\frac{1}{C\omega}}{R} = -\frac{3}{4},$$

$$\varphi = -36°52'; \quad \cos\varphi = 0,80.$$

$$\text{Puissance} = \frac{5.000 \times 1.000 \times 0,8}{2}$$
$$= 2 \times 10^6 \text{ watts.}$$

Le troisième cas est celui pour lequel l'influence de la capacité contrebalance celle de la self. Tout se passe alors, dans le circuit, en suivant les règles indiquées pour le courant continu; mais, il est nécessaire de remarquer que cette équivalence des effets de la self-induction et de la capacité n'ont lieu que pour *une période bien déterminée* du phénomène périodique :

On désigne sous le nom de *constante de temps* l'expression $\dfrac{\mathcal{L}}{R}$;

$\mathcal{L}\omega$ se nomme *inductance* ou *réactance*; $\dfrac{1}{C\omega}$ est ce qu'on appelle la *capacitance*.

Représentations graphiques des fonctions sinusoïdales. — Considérons un plan de coordonnées yox, traçons un vecteur OM égal à la force électromotrice maximum et assujettissons ce vecteur à tourner autour du point O, sa position au temps $t = 0$ étant, une fois pour toutes, supposée être celle de la direction positive de l'axe ox. Ce vecteur tournant en sens inverse des aiguilles d'une montre avec une vitesse angulaire $\omega = \dfrac{2\pi}{T}$, la projection du vecteur OM sur oy, au temps t, sera :

$$(OM)_y = E_{max} \sin \dfrac{2\pi}{T} t,$$

autrement dit, cette projection représentera la force électromotrice au temps t que nous avons considérée aux paragraphes précédents.

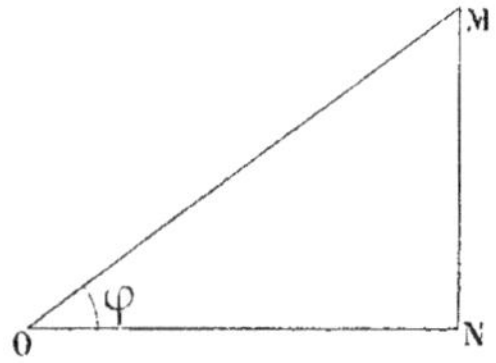

Construisons sur le vecteur OM comme hypoténuse (fig. 47), un triangle rectangle dont les côtés seraient, au cas où aucune capacité n'existe dans le circuit :

$$ON = OM \cos\varphi, \quad NM = OM.\sin\varphi, \quad \text{avec } tg\,\varphi = \dfrac{\mathcal{L}\omega}{R} ;$$

Fig. 47.

ce triangle rectangle, pour lequel nous supposerons ON *invariablement* en arrière de OM d'un angle φ dans le sens de rotation, sera tel que :

$$ON = E_{max} \dfrac{R}{\sqrt{R^2 + \mathcal{L}^2.\omega^2}} = R.I_{max},$$

$$NM = E_{max} \dfrac{\mathcal{L}.\omega}{\sqrt{R^2 + \mathcal{L}^2.\omega^2}} = \mathcal{L}\omega.I_{max};$$

ON fait avec ox, au temps t, un angle $\omega t - \varphi$, la projection de ON sur oy est donc :

$$ON \times \sin(\omega t - \varphi) = R.I_{max} \sin(\omega t - \varphi) = R.I,$$

la projection de NM sur oy est :

$$\mathrm{NM} . \cos (\omega t - \varphi) = \mathcal{L} . \omega . \mathrm{I_{max}} \times \cos (\omega t - \varphi),$$

c'est-à-dire que :

$$\mathrm{NM} . \cos (\omega t - \varphi) = \mathcal{L} \frac{d}{dt} [\mathrm{I_{max}} . \sin (\omega t - \varphi)],$$

ou encore :

$$\mathrm{NM} . \cos (\omega t - \varphi) = \mathcal{L} \frac{d\mathrm{I}}{dt}.$$

En résumé, nous voyons que les projections sur oy des trois côtés du triangle mobile OMN, tournant dans le plan autour de O, avec une vitesse angulaire $\omega = \dfrac{2\pi}{\mathrm{T}}$, reproduiront *précisément* chacun des termes de l'équation générale d'induction :

$$\mathrm{E_{max}} \sin \omega t = \mathrm{RI} + \mathcal{L} \frac{d\mathrm{I}}{dt}.$$

On comprend maintenant l'utilité de cette représentation graphique pour l'étude des propriétés relatives de circuits sièges de force électromotrice de *même période*; pour cet examen, il serait ainsi nécessaire de faire tourner, autour d'un point O, des triangles rectangles avec la *même vitesse de rotation;* il est, par conséquent, clair que les propriétés relatives, qu'on pourra déduire de cette analyse, s'obtiendront aussi bien en laissant *fixes* les triangles rectangles, qu'en les supposant *animés tous* d'une *même* vitesse de rotation autour d'un *même* point.

L'expression de la force électromotrice peut s'écrire :

$$\mathrm{E} = \mathrm{E_{max}} \sin \omega t$$

soit encore :

$$\mathrm{E} = \mathrm{E_{max}} . \cos \varphi . \sin (\omega t - \varphi) + \mathrm{E_{max}} . \sin \varphi . \cos (\omega t - \varphi);$$

or, $\mathrm{E_{max}} \cos \varphi$ est la projection de OM sur ON, c'est-à-dire la longueur ON elle même, $\mathrm{E_{max}} \sin \varphi$ est la projection de OM sur NM, c'est-à-dire la longueur NM elle-même.

La projection de OM sur oy, pendant le cours de la rotation de OM autour de O avec la vitesse $\omega = \dfrac{2\pi}{\mathrm{T}}$, sera la somme des projections au même instant de ON et de NM. Nous appellerons (fig. 48) :

$E_{max} \sin \omega t$: force électromotrice induite, ou force électromotrice agissante,

$E_{max} \cos \varphi . \sin (\omega t - \varphi)$: force électromotrice effective,

$E_{max} \sin \varphi . \cos (\omega t - \varphi)$: force électromotrice de réactance ou de self induction quand il n'existe aucune capacité.

Reprenons la formule :

$$E_{max} . \sin \omega t = E_{max} . \cos \varphi . \sin (\omega t - \varphi) + E_{max} . \sin \varphi . \cos (\omega t - \varphi),$$

multiplions les deux membres par

$$I \, dt = I_{max} \sin (\omega t - \varphi) \, dt,$$

puis intégrons de 0 à T, pour diviser ensuite les deux membres par T, nous aurons, en nous rappelant que :

$$\omega = \frac{2\pi}{T} :$$

$$\frac{1}{T} \int_0^T E.I. \, dt = P = E_{max} . I_{max} . \cos \varphi . \frac{1}{T} \int_0^T \sin^2\left(\frac{2\pi}{T} t - \varphi\right) dt$$

$$+ E_{max} . I_{max} . \sin \varphi . \frac{1}{T} \int_0^T \cos\left(\frac{2\pi}{T} t - \varphi\right) \sin\left(\frac{2\pi}{T} t - \varphi\right) dt;$$

cette relation se réduit à :

$$P = \frac{E_{max} . I_{max} . \cos \varphi}{2},$$

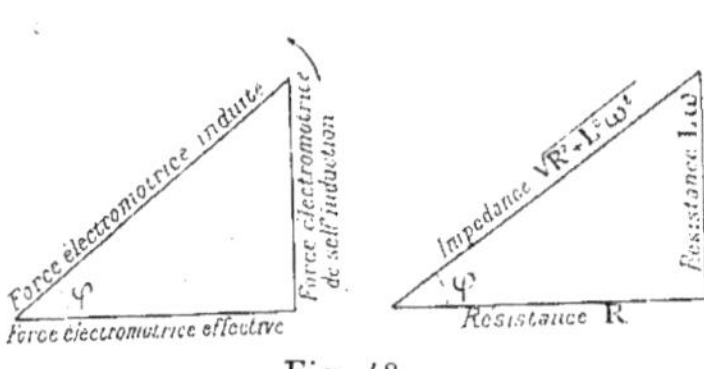

Fig. 48.

car la deuxième intégrale du dernier terme est nulle, comme un calcul immédiat le prouve. Ce résultat avait déjà été obtenu en un paragraphe précédent. L'intérêt de cette démonstration a été d'établir que la force électromotrice de *réactance* (en quadrature sur le courant) n'apporte *aucune participation* à la puissance moyenne. Nous reviendrons d'ailleurs sur ce point, très prochainement.

Composantes du courant : composante en phase; composante en quadrature. — Nous allons conserver notre forme de représentation précédemment exposée; puis nous reprendrons l'expression du courant obtenu dans le cas où la capacité serait nulle, cette restriction n'étant faite que pour simplifier notre raisonnement qui subsisterait même lorsque la capacité n'est pas nulle. Nous avons établi la formule :

$$I = I_{max} \sin(\omega t - \varphi) = I_{max} \cos\varphi . \sin\omega t - I_{max} . \sin\varphi . \cos . \omega t,$$

remarquons que, dans le premier terme du second membre, $I_{max} \times \cos\varphi$ représente la composante du courant maximum sur la direction de la force électromotrice induite (fig. 49), tandis que $I_{max} \sin\varphi$ représente la composante de ce même courant maximum suivant une direction normale à la première. L'expression $I_{max}.\cos\varphi$ est la *composante du cou-*

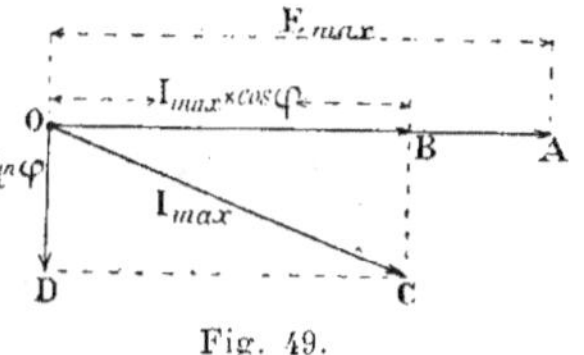

Fig. 49.

rant en phase avec la face électromotrice, l'expression $I_{max} \sin\varphi$ représente la *composante du courant en quadrature avec cette même force électromotrice.*

La puissance moyenne sera donnée par l'intégrale :

$$P = \frac{1}{T} \int_0^T E.I.dt$$

$$= \frac{1}{T} \int_0^T E_{max}.\sin\omega t \, (I_{max} \cos\varphi . \sin\omega t - I_{max} . \sin\varphi . \cos\omega t) \, dt$$

et, en groupant convenablement les termes, après avoir remplacé ω par $\frac{2\pi}{T}$, nous aurons :

$$P = E_{max}.I_{max}.\cos\varphi \times \frac{1}{T} \int_0^T \sin^2\left(\frac{2\pi}{T} t\right) dt$$

$$- E_{max}.I_{max}.\sin\varphi \times \frac{1}{T} \int_0^T \sin\frac{2\pi}{T} t.\cos\frac{2\pi}{T} t.dt.$$

Le premier terme se calcule immédiatement, le second est nul, et ainsi :

$$P = \frac{E_{max}.I_{max}}{2}.\cos\varphi,$$

on retrouve ainsi une expression déjà trouvée, mais il est intéressant de remarquer que, *seule*, la composante en phase a produit le travail dans la période, tandis que la composante en quadrature a produit un travail moyen nul dans la période. En un langage très imagé, mais un peu barbare, on exprime ce fait, dans l'industrie, en disant que la composante en phase du courant qui représente le *courant énergétique* est le *courant watté*, c'est-à-dire celui qui, finalement, concourt à la production des watts, tandis que la composante en quadrature représente le *courant déwatté*, c'est-à-dire celui qui ne concourt pas à la production des watts.

Reprenons cette expression du courant watté et du courant déwatté :

$$I_w = I_{max} \cos\varphi . \sin\omega t = \frac{I_{max}}{\sqrt{R^2 + \mathcal{L}^2\omega^2}} \, R . \sin\omega t,$$

$$I_q = I_{max} \sin\varphi . \cos\omega t = \frac{I_{max}}{\sqrt{R^2 + \mathcal{L}^2\omega^2}} \, L\omega . \cos\omega t;$$

ce qui distingue principalement le courant watté du courant déwatté, c'est la nature différente de leur partie non périodique : ce terme dans le courant watté est proportionnel à R, tandis qu'il est proportionnel à $\mathcal{L}\omega$ dans le courant en quadrature ; ce courant en quadrature produit bien du travail, il est facile de le vérifier, mais, *dans la période*, le travail positif compense exactement le travail négatif. D'ailleurs, reprenons l'équation générale d'induction :

$$E_{max} . \sin\omega t = RI + \mathcal{L}\frac{dI}{dt},$$

multiplions par I les deux membres, puis intégrons de 0 à T, après quoi, divisons par T, nous aurons :

$$\frac{1}{T} \int_0^T E_{max} . I \sin\frac{2\pi}{T} t = \frac{R}{T} \int_0^T I^2 \, dt + \frac{\mathcal{L}}{T} \int_0^T I \frac{dI}{dt} \, dt,$$

ou encore :

$$P = \frac{R}{T} \int_0^T I^2 \, dt,$$

car le deuxième terme relatif à la self-induction est nul, on retrouve ainsi les mêmes conséquences que plus haut, seul le terme relatif à la résistance ohmique est susceptible d'apporter un appoint à la puissance.

Localisation des différences de potentiel alternatives dans les circuits. — Effet de Ferranti. — Supposons un circuit ayant de la self-induction et de la capacité, nous nous proposons de trouver l'expression de la différence de potentiel aux bornes du condensateur. Nous savons que l'équation générale qui exprime le phénomène est :

$$E_{max} \sin \omega t = RI + \mathcal{L} \frac{dI}{dt} + v,$$

en appelant v la différence aux bornes du condensateur, nous avons d'ailleurs la relation :

$$C \frac{dv}{dt} = I;$$

ou encore :

$$C\, dv = I_{max} \sin (\omega t - \varphi)\, dt,$$

d'où :

$$C.v + C^{te} = - \frac{I_{max}}{\omega} \cos (\omega t - \varphi);$$

et, par suite :

$$v = - \frac{I_{max}}{C \omega} \cos (\omega t - \varphi) + k$$

pour calculer la constante k, nous allons faire dans la première des équations de ce paragraphe et dans la précédente :

$$\omega t - \varphi = \frac{\pi}{2}, \quad \text{c'est-à-dire} \quad \omega t = \varphi + \frac{\pi}{2}$$

nous aurons, en appelant v_1 la valeur de v correspondante :

$$\begin{cases} E_{max} \cos \varphi = R\, I_{max} + v_1, \\ \quad\quad v_1 = k; \end{cases}$$

or, nous savons que :

$$E_{max} \cos . \varphi = RI_{max},$$

donc :

$$v_1 = k = 0;$$

et ainsi, la tension aux bornes du condensateur est :

$$v = - \frac{I_{max}}{C \omega} \cos (\omega t - \varphi),$$

ou :

$$v = \frac{- E_{max}}{C \omega \sqrt{R^2 + \left(\mathcal{L} \omega - \dfrac{1}{C \omega} \right)^2}} \cos (\omega t - \varphi).$$

On voit que cette différence v de potentiel est en quadrature avec le courant I, c'est-à-dire que les parties sinusoïdales (cosinus ou sinus) ont pour différence d'argument la valeur $\frac{\pi}{2}$; il est clair, en effet, que :

$$\sin\left(\omega t - \varphi + \frac{\pi}{2}\right) = \cos(\omega t - \varphi)$$

L'expression de cette différence de potentiel peut s'écrire encore, en posant :

$$v_{max} = \frac{1}{C\omega} \frac{E_{max}}{\sqrt{R^2 + \left(\frac{1}{C\omega} - \mathcal{L}\omega\right)^2}},$$

sous la forme suivante :

$$v = - v_{max} \cos(\omega t - \varphi);$$

ce que les appareils de mesure, les électromètres, indiqueront par leurs déviations, ce sera v_{eff}, c'est-à-dire :

$$v_{eff} = \frac{1}{\sqrt{2}\,C\omega} \cdot \frac{E_{max}}{\sqrt{R^2 + \left(\mathcal{L}\omega - \frac{1}{C\omega}\right)^2}} = \frac{1}{C\omega} \frac{E_{eff}}{\sqrt{R^2 + \left(\mathcal{L}\omega - \frac{1}{C\omega}\right)^2}}.$$

On peut remarquer que cette différence de potentiel efficace v_{eff} peut être très supérieure à E_{eff}; autrement dit, la différence de potentiel lue aux bornes d'un condensateur industriel en circuit peut être de beaucoup supérieure à celle de la source inductive elle-même. En particulier, on voit que, lorsque C tend vers zéro, v_{eff} tend à croître indéfiniment; on donnera dans la suite une autre explication de ces phénomènes par la considération des graphiques. Un phénomène du même genre peut arriver si R est très petit ainsi que :

$$\mathcal{L}\omega - \frac{1}{C\omega}.$$

M. de Ferranti, à Londres, releva le premier, il y a vingt-cinq ans environ, un effet du *même genre*. Lorsque, par les câbles concentriques, possédant par suite de la capacité, câbles que M. de Ferranti avait installés, on transmettait des courants alternatifs, on constatait un relèvement marqué de tension à l'extrémité de la ligne. On a donné à ce phénomène le nom d'*effet de Ferranti*.

*Ce que les problèmes précédents deviennent lorsque E, au lieu d'être sinusoïdal, est une fonction périodique quelconque. — Nous avons (1), comme approximation première, supposé que l'appareil d'induction producteur de force électromotrice alternative était simple et de construction tout particulièrement soignée. Dans la pratique de la construction, la perfection absolue est un état vers lequel on s'applique à tendre sans espoir d'y parvenir jamais complètement, de sorte qu'une multitude de causes font que la force électromotrice produite dans une machine n'est jamais parfaitement sinusoïdale, mais seulement périodique. A la vérité, les forces électromotrices produites par les machines modernes s'approchent suffisamment de la forme sinusoïdale pour permettre d'établir leur théorie avec cette seule hypothèse, toutefois certains effets secondaires ne peuvent être compris sans l'étude préalable que nous allons faire.

Fourier a énoncé (2), dans sa *Théorie de la chaleur*, que toute fonction périodique de t, qui ne devient pas infinie dans les limites de variation considérées, peut être mise sous la forme de la série suivante en laquelle : T est la période, les coefficients a et b sont des constantes, m les nombres entiers successifs :

$$F(t) = a_0 + \left(a_1 \sin \frac{2\pi}{T} t + b_1 \cos \frac{2\pi}{T} t \right) + \ldots + \left(a_m \sin \frac{2m\pi}{T} t + b_m \cos \frac{2m\pi}{T} t \right) + \ldots,$$

Nous admettrons évidemment ce théorème sans aucune démonstration, mais nous remarquerons d'abord qu'une quelconque des parenthèses précédentes :

$$a_p \sin \frac{2p\pi}{T} t + b_p \cos \frac{2p\pi}{T} t$$

peut s'écrire, après avoir préalablement posé :

$$\frac{a_p}{b_p} = - \operatorname{tg} \Psi_p, \qquad E_{\max}^{(p)} = \sqrt{b_p^2 + a_p^2},$$

---

(1) Le lecteur non familiarisé encore avec les éléments du magnétisme et de l'électricité pourra négliger de s'assimiler, au premier examen de ce fascicule, les parties qui traitent le cas d'une force électromotrice périodique non sinusoïdale simple et d'une façon générale les paragraphes marqués d'un astérisque.

(2) Lejeune Dirichlet a fait de cette propriété une démonstration absolument rigoureuse. Voir E. Picard, *Analyse*, t. Ier, chapitre sur les séries trigonométriques, Gauthiers-Villars, éditeur.

sous la forme :

$$a_p \cdot \sin \frac{2p\pi}{T} t + b_p \cdot \cos \frac{2p\pi}{T} t = E_{max}^{(p)} \sin\left(\frac{2p \cdot \pi}{T} t - \Psi_p\right) ;$$

la fonction $F(t)$ qui nous intéresse peut donc s'exprimer de la manière suivante :

$$F(t) = a_0 + E_{max}^{(1)} \cdot \sin\left(\frac{2\pi}{T} t - \Psi_1\right) + E_{max}^{(2)} \cdot \sin\left(\frac{4\pi}{T} t - \Psi_2\right) + \ldots + E_{max}^{(m)} \cdot \sin\left(\frac{2m\pi}{T} t - \Psi_m\right) + \ldots \quad (B)$$

Comme on le verra ultérieurement les machines sont construites de telle façon qu'on peut admettre que

$$F(t) = -F\left(t + \frac{T}{2}\right)$$

c'est-à-dire que :

$$-F(t) = a_0 + E_{max}^{(1)} \sin\left(\frac{2\pi}{T}t - \Psi_1 + \pi\right) + E_{max}^{(2)} \sin\left(\frac{4\pi}{T} t - \Psi_2 + 2\pi\right) + \ldots$$
$$\ldots + E_{max}^{(m)} \cdot \sin\left(\frac{2m\pi}{T} t - \Psi_m + m\pi\right) + \ldots, \quad (C)$$

on remarquera que (C) peut encore s'écrire :

$$-F(t) = a_0 - E_{max}^{(1)} \sin\left(\frac{2\pi}{T} t - \Psi_1\right) + E_{max}^{(2)} \sin\left(\frac{4\pi}{T} t - \Psi_2\right) + \ldots$$
$$\ldots + (-1)^m E_{max}^{(m)} \sin\left(\frac{2m\pi}{T} t - \Psi_m\right) + \ldots \quad (C')$$

autrement dit, on voit que le second membre de (C') diffère de (B) en ce que les termes de *rang pair* ont changé de signe; faisons la somme de (B) et de (C') membre à membre, nous obtenons :

$$0 = a_0 + E_{max}^{(2)} \sin\left(\frac{4\pi}{T} t - \Psi_2\right) + E_{max}^{(4)} \sin\left(\frac{8\pi}{T} t - \Psi_4\right) + \ldots,$$

en faisant intervenir cette condition, on verra que la force électromotrice d'une machine moderne n'aura que des *harmoniques* d'ordre *impair* (on donne aux termes successifs d'une série de Fourier le nom d'harmoniques du terme principal de période T); la fonction périodique se présentera donc sous la forme suivante, en supposant toutefois que l'origine du temps soit choisi de façon que Ψ_1 soit nul :

$$F(t) = E_{max}^{(1)} \sin \frac{2\pi t}{T} + E_{max}^{(3)} \sin\left(\frac{6 \cdot \pi}{T} t - \Psi_3\right) + E_{max}^{(5)} \sin\left(\frac{10 \cdot \pi}{T} t - \Psi_5\right) + \ldots$$
$$\ldots + E_{max}^{(2q+1)} \sin\left(\frac{2(2q+1)\pi t}{T} - \Psi_{2q+1}\right) + \ldots$$

En pratique, la série est rapidement convergente, c'est-à-dire qu'il serait *illusoire* de tenir compte de plus de 3 à 4 termes; c'est dans cette hypothèse simplifiée que nous allons nous placer, étant entendu toutefois que les conséquences, qu'on mettra en évidence, se vérifieraient quelque grand que soit le nombre des termes de la suite des harmoniques (1).

Ceci établi, supposons qu'un circuit présentant une résistance R, une self-induction $\mathcal{L}$ et une capacité C soit le siège d'une force électromotrice périodique E; nous aurons, en vertu d'une étude déjà faite, en appelant v la différence de potentiel aux bornes du condensateur :

$$E = RI + \mathcal{L}\frac{dI}{dt} + v,$$

nous aurons donc, en remarquant que :

$$C.\frac{dv}{dt} = I,$$

et, après avoir différentié l'équation générale :

$$\frac{dE}{dt} = \mathcal{L}\frac{d^2I}{dt^2} + R\frac{dI}{dt} + \frac{I}{C}, \tag{D}$$

si $\mathfrak{I}$ est une solution particulière de cette équation, nous aurons en posant :

$$u = I - \mathfrak{I},$$
$$\mathcal{L}\frac{d^2u}{dt^2} + R\frac{du}{dt} + \frac{u}{C} = 0,$$

nous avons vu plus haut (et il est inutile de renouveler cette étude) que, dans tous les cas, la solution générale u de cette équation différentielle était une fonction de *trapidement évanouissante*, lorsque t croît à partir de zéro; de sorte qu'en désignant par $f(t)$ cette fonction, nous aurons pour solution générale l'expression :

$$I = \mathfrak{I} + f(t).$$

Tout revient maintenant à trouver une solution particulière de l'équation (D) ; pour ce faire, soit :

$$E = E_{max}^{(1)}.\sin\frac{2.\pi}{T}t + E_{max}^{(3)}.\sin\left(\frac{6.\pi}{T}t - \Psi_3\right) + E_{max}^{(5)}.\sin\left(\frac{10.\pi}{T}t - \Psi_5\right)$$
$$+ E_{max}^{(7)}.\sin\left(\frac{14.\pi t}{T} - \Psi_7\right),$$

---

(1) Toute la théorie qui va suivre s'établirait également dans le cas où les harmoniques pairs ne manqueraient pas.

l'équation de la force électromotrice de période T ayant son siège dans le circuit considéré, si nous trouvons des solutions particulières, $\mathcal{I}_1$, $\mathcal{I}_3$, $\mathcal{I}_5$, $\mathcal{I}_7$, respectivement aux équations suivantes :

$$\left.\begin{aligned}
\frac{d}{dt}\left(E_{max}^{(1)}.\sin\frac{2\pi}{T}t\right) &= \mathcal{L}\frac{d^2I}{dt^2} + R\frac{dI}{dt} + \frac{I}{C}\\[2mm]
\frac{d}{dt}\left[E_{max}^{(3)}.\sin\left(\frac{6.\pi}{T}t - \Psi_3\right)\right] &= \mathcal{L}\frac{d^2I}{dt^2} + R\frac{dI}{dt} + \frac{I}{C}\\[2mm]
\frac{d}{dt}\left[E_{max}^{(5)}.\sin\left(\frac{10.\pi}{T}t - \Psi_5\right)\right] &= \mathcal{L}\frac{d^2I}{dt^2} + R\frac{dI}{dt} + \frac{I}{C}\\[2mm]
\frac{d}{dt}\left[E_{max}^{(7)}.\sin\left(\frac{14.\pi}{T}t - \Psi_7\right)\right] &= \mathcal{L}\frac{d^2I}{dt^2} + R\frac{dI}{dt} + \frac{I}{C}
\end{aligned}\right\} \quad (D')$$

nous aurons une solution particulière en sommant :

$$\mathcal{I}_1 + \mathcal{I}_3 + \mathcal{I}_5 + \mathcal{I}_7,$$

en effet, en remplaçant dans (D') : I par $\mathcal{I}_1$ dans la première équation, I par $\mathcal{I}_3$ dans la deuxième, etc., etc., et en faisant la somme membre à membre, nous obtiendrons :

$$\frac{dE}{dt} = \mathcal{L}\frac{d^2}{dt^2}(\mathcal{I}_1 + \mathcal{I}_3 + \mathcal{I}_5 + \mathcal{I}_7) + R\frac{d}{dt}(\mathcal{I}_1 + \mathcal{I}_3 + \mathcal{I}_5 + \mathcal{I}_7) + \frac{\mathcal{I}_1 + \mathcal{I}_3 + \mathcal{I}_5 + \mathcal{I}_7}{C}.$$

Il est inutile de répéter ce qui a été vu à un proche paragraphe, nous savons qu'en posant $\omega = \dfrac{2\pi}{T}$ nous aurons :

$$\mathcal{I}_1 = \frac{E_{max}}{\sqrt{R^2 + \left(\mathcal{L}.\omega - \dfrac{1}{C\omega}\right)^2}}.\sin(\omega t - \varphi_1),$$

$$\mathcal{I}_3 = \frac{E_{max}^{(3)}}{\sqrt{R^2 + \left(3.\mathcal{L}.\omega - \dfrac{1}{3C\omega}\right)^2}}.\sin(3\omega t - \Psi_3 - \varphi_3),$$

$$\mathcal{I}_5 = \frac{E_{max}^{(5)}}{\sqrt{R^2 + \left(5.\mathcal{L}.\omega - \dfrac{1}{5C.\omega}\right)^2}}.\sin(5\omega t - \Psi_5 - \varphi_5),$$

$$\mathcal{I}_7 = \frac{E_{max}^{(7)}}{\sqrt{R^2 + \left(7.\mathcal{L}.\omega - \dfrac{1}{7.C.\omega}\right)^2}}.\sin(7\omega t - \Psi_7 - \varphi_7);$$

en ces équations, on définit les φ par les relations suivantes :

$$\operatorname{tg}\varphi_1 = \frac{\mathcal{L}\omega - \dfrac{1}{C\omega}}{R}, \qquad\qquad \operatorname{tg}\varphi_5 = \frac{5.\mathcal{L}.\omega - \dfrac{1}{5.C.\omega}}{R},$$

$$\operatorname{tg}\varphi_3 = \frac{3\mathcal{L}\omega - \dfrac{1}{3.C.\omega}}{R}, \qquad\qquad \operatorname{tg}\varphi_7 = \frac{7.\mathcal{L}.\omega - \dfrac{1}{7.C.\omega}}{R}.$$

La solution générale de l'équation différentielle (D) est donc :

$$I = \mathcal{I}_1 + \mathcal{I}_3 + \mathcal{I}_5 + \mathcal{I}_7 + f(t),$$

mais, ainsi que nous l'avons dit, $f(t)$ s'annule dès les tout premiers instants mêmes du phénomène, et ainsi la valeur du courant, en régime établi, est bien :

$$I = \mathcal{I}_1 + \mathcal{I}_3 + \mathcal{I}_5 + \mathcal{I}_7.$$

ou, en posant préalablement :

$$\mathcal{I}^{(1)}_{max} = \frac{E^{(1)}_{max}}{\sqrt{R^2 + \left(\mathcal{L}.\omega - \dfrac{1}{C.\omega}\right)^2}}, \qquad \mathcal{I}^{(5)}_{max} = \frac{E^{(5)}_{max}}{\sqrt{R^2 + \left(5.\mathcal{L}.\omega - \dfrac{1}{5.C.\omega}\right)^2}},$$

$$\mathcal{I}^{(3)}_{max} = \frac{E^{(3)}_{max}}{\sqrt{R^2 + \left(3\mathcal{L}.\omega - \dfrac{1}{3.C.\omega}\right)^2}}, \qquad \mathcal{I}^{(7)}_{max} = \frac{E^{(7)}_{max}}{\sqrt{R^2 + \left(7.\mathcal{L}.\omega - \dfrac{1}{7.C.\omega}\right)^2}}$$

l'expression suivante :

$$I = \mathcal{I}^{(1)}_{max}\sin\left(\frac{2\pi}{T}t - \varphi_1\right) + \mathcal{I}^{(3)}_{max}\sin\left(\frac{6.\pi}{T}.t - \Psi_3 - \varphi_3\right) + \ldots + \mathcal{I}^{(7)}_{max}\sin\left(\frac{14.\pi}{T}.t - \Psi_7 - \varphi_7\right).$$

*** Puissance moyenne. — Force électromotrice efficace et courant efficace. — Facteur de puissance dans le cas d'un courant périodique ordinaire. —** Avant d'établir les formules relatives à la puissance moyenne, à la force électromotrice efficace et au courant efficace, nous allons établir un lemme nécessaire, extrèmement simple d'ailleurs.

Si nous considérons l'intégrale suivante :

$$S = \int_0^T \sin\left(\frac{2k.\pi}{T}t - \alpha\right).\left(\frac{2k'.\pi}{T}t - \beta\right)dt,$$

dans laquelle k et k' sont des nombres *entiers* positifs, α et β des angles constants, nous aurons :

1° lorsque $\qquad k \gtreqless k', \qquad S = 0,$

2° lorsque $\qquad k = k', \qquad S = \dfrac{T}{2} \cos (\beta - \alpha).$

En effet, l'expression écrite sous le signe intégrale peut se décomposer comme il est indiqué ci-dessous :

$$S = \frac{1}{2} \int_0^T \left[\cos \left(2\,\frac{k-k'}{T}\,\pi t - \alpha + \beta \right) - \cos \left(2\,\frac{k+k'}{T}\,\pi . t - \alpha - \beta \right) \right] dt$$

or, si $k \gtreqless k'$, chacune des intégrales définies sous le signe $\int$ est nulle ; si $k = k'$, la deuxième est encore nulle, mais la première a pour expression évidente :

$$S = \frac{T}{2} \cos (\beta - \alpha).$$

Ceci établi, proposons-nous de calculer :

$$P = \frac{1}{T} \int_0^T EI\, dt,$$

c'est-à-dire qu'en désignant par E_1, E_3, E_5, E_7 chacun des quatre termes complets qui composent E

$$P = \frac{1}{T} \int_0 (E_1 + E_3 + E_5 + E_7)(J_1 + J_3 + J_5 + J_7)\, dt,$$

$$= \frac{1}{T} \int_0^T (E_1 J_1 + E_3 J_3 + E_5 J_5 + E_7 J_7)\, dt + \frac{1}{T} \int_0^T \Theta . dt,$$

dans cette dernière intégrale, Θ est la somme de douze produits de deux termes tels que $E_5 . J_7$; or, d'après le lemme précédent, chacune des intégrales, en lesquelles

$$\int_0^T \Theta\, dt,$$

se décompose, est nulle, donc :

$$P = \frac{1}{T} \int_0^T (E_1 J_1 + E_3 J_3 + E_5 J_5 + E_7 J_7)\, dt,$$

d'après le même lemme, on vérifiera facilement que ces intégrations donnent

$$P = \frac{E_{max}^{(1)}.\mathcal{J}_{max}^{(1)}\cos\varphi_1}{2} + \frac{E_{max}^{(3)}.\mathcal{J}_{max}^{(3)}\cos\varphi_3}{2} + \frac{E_{max}^{(5)}.\mathcal{J}_{max}^{(5)}\cos\varphi_5}{2} + \frac{E_{max}^{(7)}.\mathcal{J}_{max}^{(7)}.\cos\varphi_7}{2}.$$

Nous pouvons encore écrire cette valeur de P de la façon suivante en introduisant les forces électromotrices efficaces et les courants efficaces de chaque harmonique :

$$P = E_{eff}^{(1)}.\mathcal{J}_{eff}^{(1)}.\cos\varphi_1 + E_{eff}^{(3)}.\mathcal{J}_{eff}^{(3)}.\cos\varphi_3 + \ldots + E_{eff}^{(7)}.\mathcal{J}_{eff}^{(7)}.\cos\varphi_7.$$

On a vu déjà que chaque harmonique de la force électromotrice donne naissance dans l'expression du courant à un terme de *même période* qu'elle, et, plus expressément encore, *chaque harmonique de la force électromotrice se comporte, pour la formation du courant, comme si elle était la seule force électromotrice régnant dans le circuit.* L'expression, trouvée ci-dessus pour la puissance moyenne, nous montre que cette puissance est *la somme des puissances mises en jeu par chacune des harmoniques de la force électromotrice supposée agissant seule dans le circuit.*

Il en est de même de la force électromotrice efficace *totale* E_{eff} et du courant efficace *total* I_{eff}. Le lecteur trouvera facilement, en suivant les méthodes précédemment développées, que :

$$E_{eff}^2 = \frac{1}{T}\int_0^T E^2\,dt = \left(E_{eff}^{(1)}\right)^2 + \left(E_{eff}^{(3)}\right)^2 + \left(E_{eff}^{(5)}\right)^2 + \left(E_{eff}^{(7)}\right)^2$$

$$I_{eff}^2 = \frac{1}{T}\int_0^T I^2\,dt = \left(\mathcal{J}_{eff}^{(1)}\right)^2 + \left(\mathcal{J}_{eff}^{(3)}\right)^2 + \left(\mathcal{J}_{eff}^{(5)}\right)^2 + \left(\mathcal{J}_{eff}^{(7)}\right)^2$$

La valeur de E_{eff} sera fournie par un électromètre, celle de I_{eff} par un électrodynamomètre.

Nous allons pouvoir déduire maintenant que la puissance P est donnée par la formule suivante :

$$P = k.E_{eff}.I_{eff}.$$

où k est un facteur numérique *inférieur à l'unité*, habituellement désigné sous le nom de *facteur de puissance.*

Pour établir cette propriété, remarquons que si :

$$P = E_{eff}^{(1)}.\mathcal{J}_{eff}^{(1)}\cos\varphi_1 + E_{eff}^{(3)}.\mathcal{J}_{eff}^{(3)}\cos\varphi_3 + E_{eff}^{(5)}.\mathcal{J}_{eff}^{(5)}\cos\varphi_5 + E_{eff}^{(7)}.\mathcal{J}_{eff}^{(7)}.\cos\varphi_7$$

il en résulte que :

$$0 < \mathrm{P} < \mathrm{E}_{\mathrm{eff}}^{(1)}.\mathfrak{I}_{\mathrm{eff}}^{(1)} + \ldots\ldots + \mathrm{E}_{\mathrm{eff}}^{(7)}.\mathfrak{I}_{\mathrm{eff}}^{(7)},$$

car nous avons remplacé chaque cosinus par sa valeur maxima possible qui est l'unité, par suite :

$$0 < \mathrm{P}^2 < \left(\mathrm{E}_{\mathrm{eff}}^{(1)}.\mathfrak{I}_{\mathrm{eff}}^{(1)} + \ldots\ldots + \mathrm{E}_{\mathrm{eff}}^{(7)}.\mathfrak{I}_{\mathrm{eff}}^{(7)}\right)^2$$

or une formule de Lagrange (1), nous apprend que l'expression :

$$\left[\left(\mathrm{E}_{\mathrm{eff}}^{(1)}\right)^2 + \ldots \left(\mathrm{E}_{\mathrm{eff}}^{(7)}\right)\right]\left[\left(\mathfrak{I}_{\mathrm{eff}}^{(1)}\right)^2 + \ldots + \left(\mathfrak{I}_{\mathrm{eff}}^{(7)}\right)^2\right] - \left(\mathrm{E}_{\mathrm{eff}}^{(1)}.\mathfrak{I}_{\mathrm{eff}}^{(1)} + \ldots \mathrm{E}_{\mathrm{eff}}^{(7)}.\mathfrak{I}_{\mathrm{eff}}^{(7)}\right)^2$$

est une somme de carrés, donc cette expression est toujours *positive*, et par suite :

$$\left(\mathrm{E}_{\mathrm{eff}}^{(1)}.\mathfrak{I}_{\mathrm{eff}}^{(1)} + \ldots \mathrm{E}_{\mathrm{eff}}^{(7)}.\mathfrak{I}_{\mathrm{eff}}^{(7)}\right)^2 < \left(\mathrm{E}_{\mathrm{eff}}.\mathrm{I}_{\mathrm{eff}}\right)^2$$

en sorte que, d'après ce qui précède :

$$0 < \mathrm{P}^2 < \left(\mathrm{E}_{\mathrm{eff}}\,\mathrm{I}_{\mathrm{eff}}\right)^2$$

c'est-à-dire :

$$\mathrm{P} = k.\mathrm{E}_{\mathrm{eff}}.\mathrm{I}_{\mathrm{eff}},$$

avec la condition expresse que $1 > k > 0$. Le facteur numérique k ne peut se représenter par un cosinus facilement exprimable en fonction de $\mathcal{E}$, C, R et T, que dans le cas particulier d'une force électromotrice sinusoïdale.

*** Sur quelques conséquences des propriétés établies précédemment.** — D'après ce qui vient d'être établi, il semblerait illusoire d'attacher une importance trop grande à la forme de la fonction périodique représentant la force électromotrice ; car, pourrait-on dire, chaque harmonique se comportant comme si elle était seule, ces harmoniques ne semblent pas exercer, par leur présence, un rôle néfaste sur la distribution de l'électricité, puisqu'elles ne se contrarient pas *énergétiquement* dans leurs effets.

---

(1) Lagrange a démontré la formule suivante que le lecteur rétablira facilement :

$$(a^2+b^2+c^2+d^2)(\alpha^2+\beta^2+\gamma^2+\delta^2) - (a\alpha+b\beta+c\gamma+d\delta)^2 = (a\beta-b\alpha)^2 + (a\gamma-c\alpha)^2 + (a\delta-d\alpha)^2$$
$$+ (b\gamma-c\beta)^2 + (b\delta-d\beta)^2$$
$$+ (c\delta-d\alpha)^2$$

Cette formule, vraie pour un double groupe de quatre termes ($a\ b\ c\ d$) et ($\alpha\ \beta\ \gamma\ \delta$), est vraie encore lorsque chacun de ces groupes se compose de n termes.

Cette conclusion serait *inexacte* et, quelque prématurée que soit cette discussion, nous pouvons toutefois faire saisir une des raisons qui militent en faveur des fonctions périodiques, aussi nettoyées que possible de toutes harmoniques.

Le courant alternatif ne sert pas uniquement, dans la pratique, au service d'éclairage à incandescence; dans cette hypothèse, on pourrait, tout au moins pour le service des lampes à filaments de carbone, soutenir l'innocuité des harmoniques, sous le rapport économique, car les dépenses en énergie de celles-ci participeraient à échauffer le filament aussi bien que les effets énergétiques du terme principal. Mais le courant alternatif sert principalement au transport de l'énergie : les dépenses d'éclairage sont, en effet, faibles auprès de celles que le service des moteurs modernes peut exiger; les distributions d'énergie seront donc principalement destinées à faire tourner des moteurs d'induction qui, eux, utilisent *seulement* le *terme de la force électromotrice* et *le terme dans l'expression du courant qui ont* T *pour période*, de sorte que les autres parties des expressions de force électromotrice et de courant ne concourent pas *énergétiquement* à la marche de ces moteurs. Les dépenses d'énergie de la source, du fait de ces dernières, se consomment donc en pure perte, elles échauffent inutilement les lignes et appareils qui les subissent. Nous aurons d'ailleurs à revenir ultérieurement sur cette question.

Pour donner une idée de l'influence des harmoniques supérieures sur la déformation de la sinusoïde représentant le terme principal de période T, nous allons nous proposer de construire, (fig. 50), la courbe représentant la fonction périodique suivante :

$$E = 1.500 \sin \omega t + 500 \sin \left(3 \omega t - \frac{\pi}{2} \right) - 400 \sin \left(5 \omega t - \frac{\pi}{2} \right),$$

pour laquelle, nous supposons que E est exprimé en volts et qu'il y a 50 périodes par seconde, c'est-à-dire que $\omega = \frac{2\pi}{T} = 314$.

Sur la figure, on a construit chacune des trois sinusoïdes I, II, III, correspondant aux termes successifs de la fonction; en sommant, pour une même valeur de t, les ordonnées ainsi obtenues, on a obtenu le courbe (IV) qui ne ressemble en aucune façon à une sinusoïde. On voit que l'effet des harmoniques, représentées par les courbes II et III est de fournir une courbe IV oscillant le long du chemin tracé par la courbe I.

Si une, ou plusieurs harmoniques, a une valeur maxima importante, si, de plus, le décalage dispose malencontreusement les sinusoïdes figuratives, il pourra arriver que la courbe représentant la fonction périodique affecte des pointes très détachées du reste de la courbe. Ces formes de courbes, lorsqu'elles sont sont celles affectées par la force électromotrice d'un alternateur,

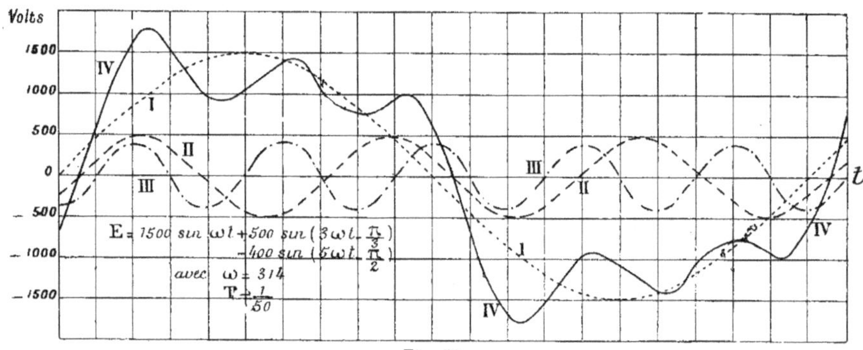

$$E = 1500 \sin \omega t + 500 \sin \left(3\omega t - \frac{\pi}{3}\right) - 400 \sin \left(5\omega t - \frac{\pi}{2}\right)$$
$$\text{avec} \quad \omega = 314 \qquad T = \frac{1}{50}$$

Fig. 50.

sont des plus critiquables, elles indiquent que les isolants de la machine, ou les conducteurs du circuit, seront soumis, *pendant certains instants de la période*, à des tensions *considérables* de beaucoup supérieures à la valeur indiquée par les électromètres pour les forces électromotrices efficaces ; il pourra en résulter des courts circuits dans la machine ou entre conducteurs. En pratique donc, le constructeur devra, pour cette raison et d'autres encore, s'appliquer à obtenir pour la force électromotrice une allure de courbe périodique aussi rapprochée que possible de la sinusoïde ; lorsque ce résultat sera obtenu, le constructeur pourra être convaincu que les termes à partir du second dans le développement de E sont négligeables, ou quasi négligeables par rapport au premier.

Nous venons de voir que chaque harmonique de la fonction périodique agit *comme si elle était seule*, absolument comme dans l'air où les *petits mouvements* peuvent se superposer sans se gêner, c'est sur cette propriété, d'ailleurs, que l'acoustique entière est basée. Toutefois, si, entre l'acoustique et les courants alternatifs industriels, il y a une parenté provenant de la forme périodique des fonctions qui interprètent le phénomène, il y a, tout au moins pour la partie à laquelle nous limitons en ce moment notre étude, une divergence profonde qu'il convient de préciser. Les courants alternatifs sont destinés au transport de l'énergie, leur but est donc de communiquer le mouvement *ininterrompu* à des moteurs; or, nous avons dit, tout en réservant la justification, que ceux-ci ne pouvaient fonctionner normalement qu'en empruntant l'énergie provenant d'une *seule* harmonique, par conséquent, il est naturel de rechercher à épurer les fonctions force électromotrices de façon à ce que, pratiquement, elles se réduisent à une seule fonction sinusoïdale.

En acoustique, il y a bien transport d'énergie, mais ce transport est de nature particulière; les sensations que nos oreilles éprouvent sont dues aux vibrations périodiques, qui, successivement ou simultanément et pendant un temps très court, ébranlent nos cordes auditives. C'est la superposition de ces sensations rapides judicieusement choisies qui nous fait éprouver les jouissances musicales; nos oreilles, comprennent, en effet, un grand nombre d'appareils synchrones d'un genre particulier, susceptibles de percevoir instantanément une sensation, ces appareils sont, en quelque sorte, à *démarrage immédiat* sous l'action d'une vibration aérienne, et à amortissement presque immédiat dès que cette vibration fugitive a cessé. Tandis que les courants alternatifs industriels que nous étudions sont destinés à distribuer l'énergie d'une façon régulière à des moteurs marchant à *régime peu variable*, les phénomènes acoustiques distribuent l'énergie de la façon la *plus variée* à nos oreilles, qui sont plutôt ainsi des collecteurs de signaux simples, ou superposés, que des transformateurs véritables d'énergie.

CHAPITRE V

Les courants alternatifs (*suite*). — Étude graphique.

Utilité de l'étude graphique des phénomènes alternatifs. — L'emploi de la méthode analytique pure permet d'expliquer tous les problèmes qui peuvent être posés sur les courants alternatifs, et même, de prévoir des relations nouvelles ; elle offre incontestablement l'avantage de scruter tous les cas particuliers pour la plupart desquels il serait illusoire de recourir à l'étude graphique, les simplifications faites nécessairement sur les hypothèses, en vue de la commodité de la représentation géométrique, restreignent le champ d'investigations de la méthode graphique.

Toutefois, nous continuerons cette étude des courants alternatifs industriels en utilisant la méthode graphique, la plus simple par ce que la plus géométrique. Nous devons préciser toutefois les notions acquises jusqu'ici en vue de cette représentation graphique des résultats :

1er *cas.* — *Circuit siège d'une force électromotrice sinusoïdale présentant une self-induction, mais dépourvu de capacité.* — Nous avons construit, en un paragraphe du chapitre précédent, un triangle rectangle représenté par son hypoténuse OM, force électromotrice maximum, et par ses côtés de l'angle droit, savoir : le vecteur ON, produit de la résistance ohmique par le courant maximum I_{max} ; le vecteur NM, produit formé par le courant maximum, le coefficient de self $\mathcal{L}$ et la valeur $\omega = \dfrac{2\pi}{T}$. Nous avons supposé que ce triangle (fig. 54), tournait autour de O avec une vitesse égale à ω, dans le sens inverse des aiguilles d'une montre, le vecteur ON étant en arrière de OM dans le sens du mouvement. La projection du contour

OMNO sur Oy, en supposant qu'à l'instant donné, OM fait avec Ox un angle ωt, nous fournira la relation :

$$E_{max} \sin \omega t = RI_{max} \sin (\omega t - \varphi) + \mathcal{L} \omega I_{max} \cos (\omega t - \varphi),$$

qui, en posant :

$$\operatorname{tg} \varphi = \frac{\mathcal{L} \omega}{R},$$

devient :

$$E_{max} \sin \omega t = R. + \mathcal{L} \frac{dI}{dt},$$

qui est bien l'équation générale de l'induction applicable en l'occurrence.

2° cas. — *Circuit siège d'une force électromotrice sinusoïdale*

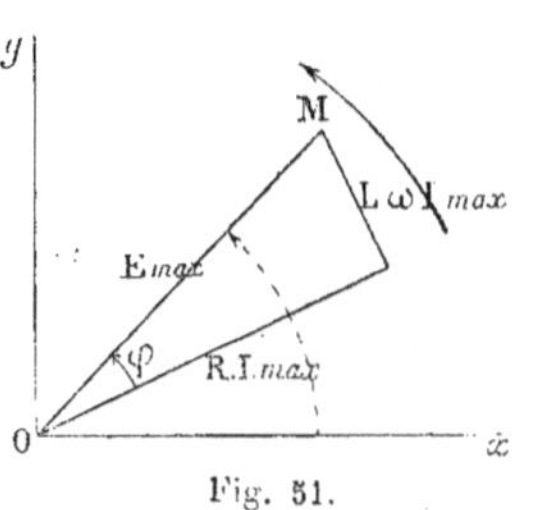

Fig. 51.

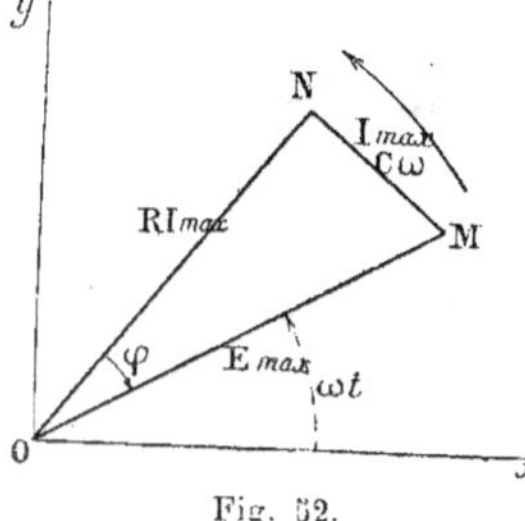

Fig. 52.

présentant une capacité, mais pas de self-induction. Nous construisons encore un triangle rectangle dont les côtés seront (fig. 52) :

$$\text{hypoténuse OM} : E_{max},$$
$$\text{1}^{er} \text{ côté de l'angle droit ON} : R.I_{max},$$
$$\text{2}^{e} \text{ côté de l'angle droit NM} : \frac{I_{max}}{C \omega};$$

nous supposerons également que ce triangle tourne autour de O dans le sens inverse des aiguilles d'une montre, avec une vitesse égale à ω ; le vecteur ON est maintenant supposé en avant de OM dans le sens de la rotation. Si ωt est l'angle que fait OM avec Ox à l'instant donné, la projection du contour OMNO sur Oy nous fournira la relation suivante :

$$E_{max} \sin \omega t = RI_{max} \sin (\omega t - \varphi) - \frac{I_{max}}{C \omega} \cos (\omega t - \varphi),$$

avec

$$\mathrm{tg}\,\varphi = \dfrac{-\dfrac{1}{C.\omega}}{R},$$

mais nous avons vu, en un paragraphe du chapitre précédent, que la différence de potentiel aux bornes du condensateur était précisément :

$$v = -\frac{I_{max}}{C\omega}\cos(\omega t - \varphi),$$

c'est-à-dire :

$$E_{max}\sin\omega t = RI + v,$$

qui est bien l'équation générale de l'induction pour le cas présent.

3e cas. — Cette dernière partie se subdivise en trois cas.

a) Circuit siège d'une force électromotrice sinusoïdale possédant de la self-induction et de la capacité, mais avec la condition :

$$\frac{1}{C\omega} < \mathcal{L}.\omega.$$

b) Circuit siège d'une force électromotrice sinusoïdale possédant de la self-induction et de la capacité, mais avec la condition :

$$\frac{1}{C\omega} > \mathcal{L}.\omega.$$

c) Circuit siège d'une force électromotrice sinusoïdale possédant de la self-induction et de la capacité, mais avec la condition :

$$\frac{1}{C\omega} = \mathcal{L}.\omega.$$

a) — Construisons un triangle rectangle dont les côtés seront (fig. 53) :

hypoténuse OM : E_{max}.

1er côté de l'angle droit ON : $R.I_{max}$.

2e côté de l'angle droit NM : $\left(\mathcal{L}\omega - \dfrac{1}{C\omega}\right)I_{max}$;

nous supposerons toujours que ce triangle tourne dans son plan autour de O, dans le sens inverse des aiguilles d'une montre, avec une vitesse égale à ω : le vecteur ON est supposé *en arrière* de OM dans le sens de rotation. Si ωt est l'angle que OM fait avec Ox à l'instant donné, la projection du contour (OMNO) ou de son équivalent (OMSNO) sur Oy fournira la relation suivante :

$$E_{max} \sin \omega t = RI_{max} \sin(\omega t - \varphi) + \mathcal{L}.\omega.I_{max} \cos(\omega t - \varphi) - \frac{I_{max}}{C\omega}.\cos(\omega t - \varphi),$$

avec

$$\operatorname{tg} \varphi = \frac{\mathcal{L}\omega - \dfrac{1}{C\omega}}{R},$$

En se rappelant que la valeur de la différence de potentiel aux bornes du condensateur C est donnée par la relation.

$$v = - \frac{I_{max}}{C\omega}.\cos(\omega t - \varphi),$$

nous déduisons :

$$E_{max} \sin \omega t = R.I + \mathcal{L}\frac{dI}{dt} + v,$$

qui est bien l'équation générale de l'induction.

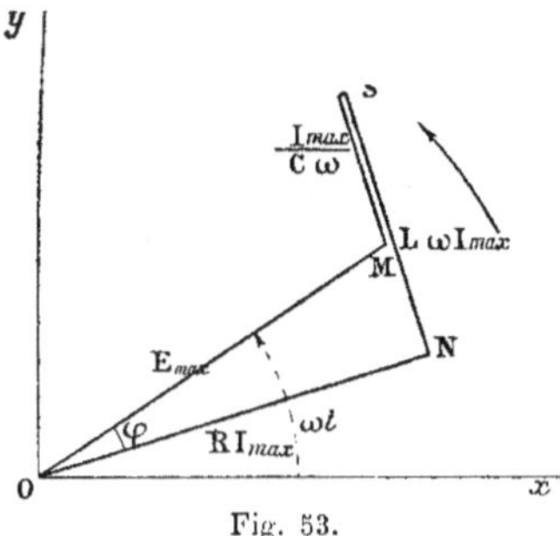

Fig. 53.

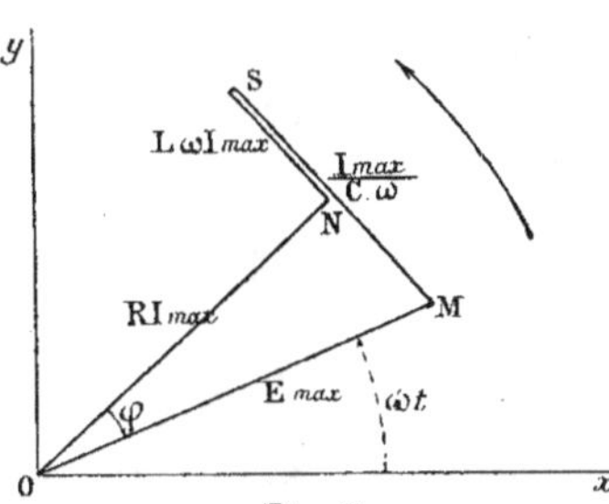

Fig. 54.

$b)$ — Construisons un triangle rectangle dont les côtés seront : fig. 54.

hypothénuse OM : E_{max},

1er côté de l'angle droit ON : $R\,I_{max}$,

2e côté de l'angle droit NM : $\left(\dfrac{1}{C\omega} - \mathcal{L}\omega\right)I_{max}$;

nous supposerons toujours que ce triangle tourne dans son plan autour de O, dans le sens inverse des aiguilles d'une montre, avec la vitesse angulaire ω ; le vecteur ON est supposé maintenant *en avant* de OM dans le sens de la rotation. Si ωt est l'angle de OM avec Ox à l'instant donné, la projection du contour (OMNO), ou de son équivalent (OMSNO), sur Oy fournira la relation suivante :

$$E_{max} . \sin \omega t = RI_{max} \sin (\omega t - \varphi) + \mathcal{L} . \omega . I_{max} \cos (\omega t - \varphi) - \frac{I_{max}}{C . \omega} \cos (\omega t - \varphi),$$

avec

$$\operatorname{tg} \varphi = \frac{\mathcal{L}\omega - \dfrac{1}{C\omega}}{R} ;$$

c'est-à-dire, sans nous répéter à nouveau :

$$E_{max} . \sin \omega t = RI + \mathcal{L} \frac{dI}{dt} + v,$$

v étant la différence de potentiel aux bornes du condensateur.

c) — Dans ce cas, le triangle rectangle s'aplatit jusqu'à se confondre avec OM ; la self-induction est compensée, *pour cette période*, exactement par la capacité. On est, dit-on, en présence d'une *résonance*.

Explication de certains phénomènes par l'étude graphique. — *Problème I.* Nous allons nous proposer de résoudre graphiquement le problème suivant : On suppose une source donnant une force électromotrice (fig. 55) :

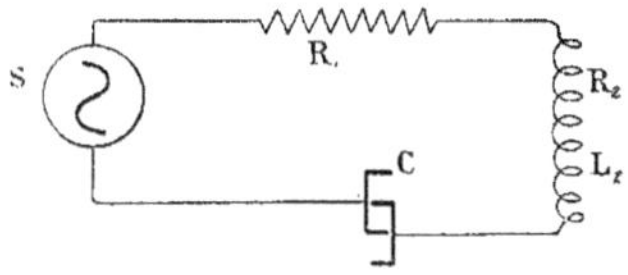

$$E = E_{max} \sin \omega t,$$

Fig. 55.

aux bornes de cette source se trouvent connectées en série :

1° Une résistance non inductive R_1.

2° Une résistance inductive, soit R_2 la résistance ohmique et $\mathcal{L}_2$ le coefficient de self.

3° Une capacité C.

On demande de calculer le courant et l'angle de décalage ?

Donnons-nous d'abord une longueur arbitraire I_1 pour valeur *maxima supposée du courant* ; portons $R_1 I_1$ (fig. 56) sur une droite fixe à partir de O, de façon que $OA = R_1 I_1$; puis, à partir de A, portons $R_2 I_1$ de façon que $AB = R_2 I_1$; sur la perpendiculaire BC à OB, portons $\mathcal{L}_2 \omega I_1$, de façon que $BC = \mathcal{L}_2 \omega I_1$, le sens de cette perpendiculaire étant tel qu'il soit nécessaire de faire tourner OB dans le sens inverse des aiguilles d'une montre pour l'appliquer sur OC ; enfin, dans la direction CD, inverse de la direction BC, portons $CD = \dfrac{l_1}{C.\omega}$.

Ceci fait, joignons, pour terminer, O à D ; nous voyons que, si la force électromotrice maxima, au lieu d'être E_{max}, était égale à OD, le courant maximum sera I_1, de sorte que, pour avoir le graphique réel de représentation du phénomène, il faudra amplifier homothétiquement la figure 56 dans le rapport de $\dfrac{E_{max}}{DO}$.

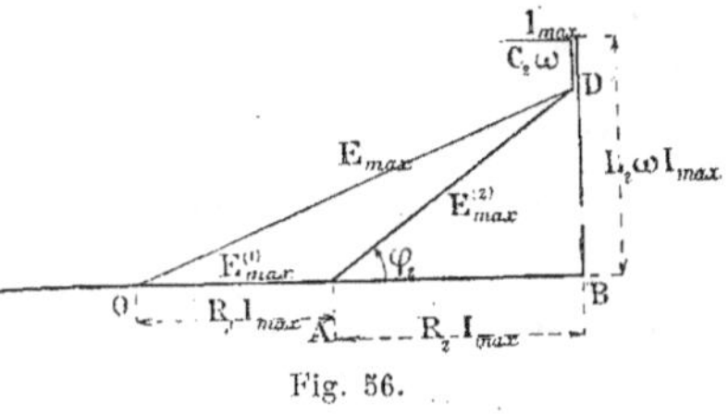

Fig. 56.

Nous voyons sur la même figure que :

$$\operatorname{tg}\varphi = \operatorname{tg}(OD,\ OB) = \frac{\mathcal{L}_2\omega - \dfrac{1}{C_2\omega}}{R_1 + R_1},$$

ce qui était à prévoir ; nous voyons, de plus, que *si, une self et une capacité existent simultanément dans le circuit,* rien n'empêche que :

$$OD < BC \quad \text{ou} \quad OD < CD$$

ce qui veut dire que, dans ce cas, la différence de potentiel efficace aux bornes de la self (ou de la capacité) est supérieure à la force électromotrice de la source S. Cette conséquence a déjà été signalée plus haut, page 86.

Problème II. — Nous allons reprendre le problème précédent en supposant trois groupes d'appareils d'utilisation, en série, (fig. 57), chacun des appareils ayant de la self, de la capacité et de la résistance ohmique suivant le tableau ci-dessous :

	RÉSISTANCE	SELF-INDUCTION	CAPACITÉ
Spécification du 1er groupe	R_1	$\mathcal{L}_1$	C_1
— du 2e groupe	R_2	$\mathcal{L}_2$	C_2
— du 3e groupe	R_3	$\mathcal{L}_3$	C_3

Nous supposerons connue la pulsation ω de la fonction périodique cause du phénomème électrique dans le circuit; nous pouvons nous proposer :

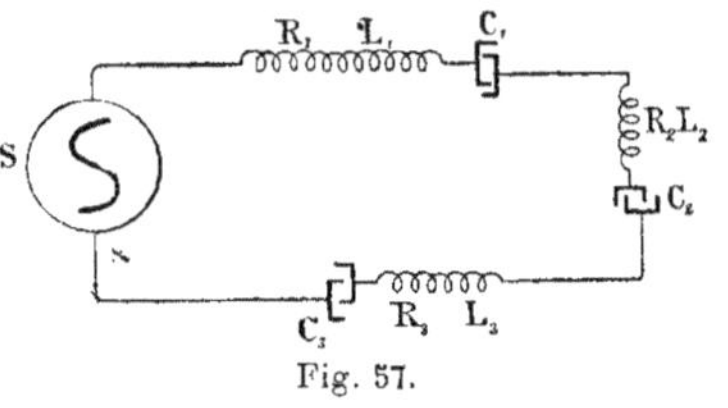

Fig. 57.

1° Soit de rechercher le courant et les diverses grandeurs inconnues, en supposant *connue* la force électromotrice agissante ;

2° Soit de rechercher la force électromotrice agissante et les diverses grandeurs inconnues, en supposant connu le courant.

1er *Cas.* — Soit $E = E_{max} \sin \omega t$, la force électromotrice agissante donnée ; effectuons d'abord les calculs suivants :

$$R = R_1 + R_2 + R_3$$

$$B = \mathcal{L}_1 \omega - \frac{1}{C_1 . \omega} + \mathcal{L}_2 \omega - \frac{1}{C_2 . \omega} + \mathcal{L}_3 \omega - \frac{1}{C_3 . \omega}$$

ou encore :

$$B = (\mathcal{L}_1 + \mathcal{L}_2 + \mathcal{L}_3)\omega - \left(\frac{1}{C_1} + \frac{1}{C_2} + \frac{1}{C_3}\right)\frac{1}{\omega} ;$$

ces calculs effectués, construisons un triangle rectangle dont l'hyposera $OG = E_{max}$ (fig. 58), et dont les côtés de l'angle droit seront proportionnels à R et B, en ayant soin de donner au côté OD proportionnel à R la direction horizontale, on disposera du sens de l'autre côté de l'angle droit de façon que, si B est positif, il faille faire tourner OD dans le sens inverse des aiguilles d'une montre pour l'appliquer sur OG, tandis que, si B est négatif, l'opération nécessaire sera de sens contraire.

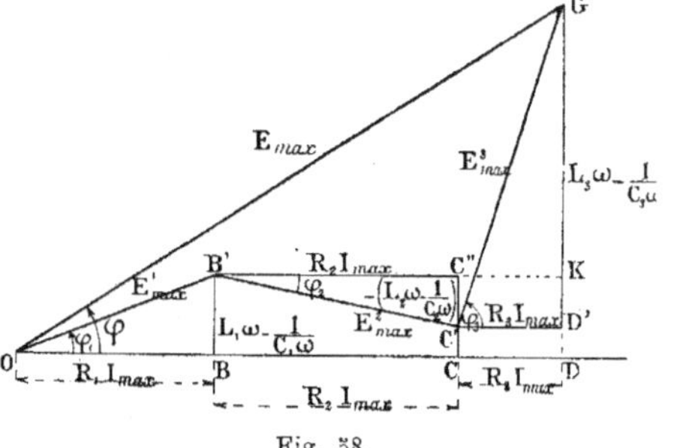

Fig. 58.

Nous partagerons ensuite OD proportionnellement à :

$$R_1, \quad R_2, \quad R_3$$

par les points B, C et D; puis le côté DG sera partagé par les points K et D′, proportionnellement à

$$\mathcal{L}_1\omega - \frac{1}{C_1\omega}, \quad \mathcal{L}_2\omega - \frac{1}{C_2\omega}, \quad \mathcal{L}_3\omega - \frac{1}{C_3\omega}:$$

la valeur maximum du courant sera donnée par le quotient $\dfrac{OB}{R_1}$ ou l'un des deux quotients égaux suivants $\dfrac{BC}{R_2}$ et $\dfrac{CD}{R_3}$. La valeur instantanée du courant (1) sera :

$$I = I_{max} \sin(\omega t - \varphi),$$

φ étant l'angle GOD.

La différence de potentiel instantanée E_1 aux bornes du 1er groupe sera, en posant :

$$E_{max}^{(1)} = OB'$$
$$E_1 = E_{max}^{(1)} \sin(\omega t - \varphi - \varphi_1),$$

φ_1 étant l'angle BOB′.

La différence de potentiel instantanée E aux bornes du 2e groupe sera, en posant :

$$E_{max}^{(2)} = B'C'$$
$$E_2 = E_{max}^{(2)} \sin(\omega t - \varphi - \varphi_2)$$

φ_2 étant l'angle C″B′C′ compté positivement, etc., etc.

2e *Cas.* — Soit $I = I_{max} \sin \omega t$, l'intensité du courant agissant, effectuons d'abord les calculs suivants :

$$R = R_1 + R_2 + R_3,$$
$$B = (\mathcal{L}_1 + \mathcal{L}_2 + \mathcal{L}_3)\omega - \left(\frac{1}{C_1} + \frac{1}{C_2} + \frac{1}{C_3}\right)\frac{1}{\omega},$$

ceci effectué, construisons un triangle rectangle dont les côtés de l'angle droit seront :

$$RI_{max} \quad \text{et} \quad B.I_{max},$$

si nous portons RI_{max} sur une droite horizontale, de gauche à droite, le côté $(B.I_{max})$ sera dirigé au-dessus de cette horizontale, si $B > 0$, au-dessous, dans l'hypothèse contraire.

---

(1) La figure se lisant facilement, il est inutile de la détailler davantage.

Nous obtiendrons ainsi un triangle GOD, dans lequel OG représentera la force électromotrice maximum totale. Le lecteur comprendra sur la figure 58 l'explication des constructions, sans qu'il soit utile de les détailler davantage.

La valeur instantanée E de la force électromotrice totale sera, en posant :

$$E_{max} = OG$$
$$E = E_{max} \sin(\omega t + \varphi),$$

φ étant l'angle GOD.

La différence de potentiel instantanée E_1 aux bornes du 1er groupe sera, en posant :

$$E_{max}^{(1)} = OB'$$
$$E_1 = E_{max}^{(1)} \sin(\omega t + \varphi_1),$$

φ_1 étant l'angle BOB'.

Les autres inconnues se déduiront également immédiatement en lisant la figure.

PROBLÈME III. — *Mesure de la puissance dépensée dans un circuit, graphiquement défini, parcouru par un courant.*

Supposons qu'entre les points A et B (fig. 59), extrémités d'un

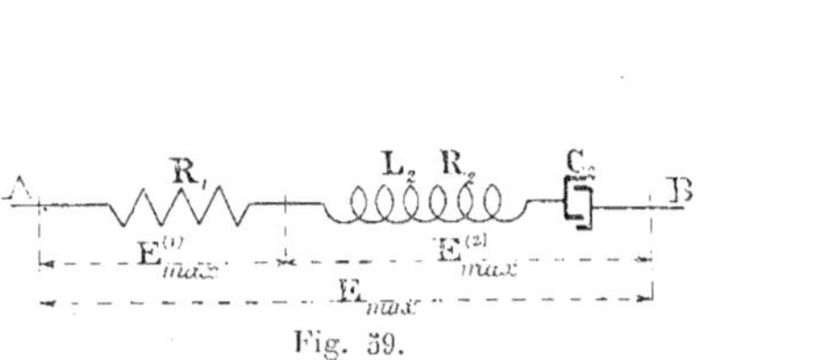

Fig. 59.

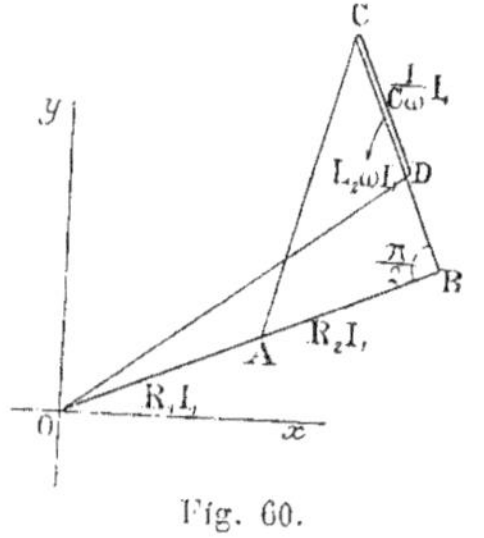

Fig. 60.

circuit d'utilisation, nous ayons une différence de potentiel alternative :

$$E = E_{max} \sin . \omega t,$$

et qu'en série, sur ce circuit, se trouvent disposées :

1° Une résistance non inductive R_1 ;

2° Un groupe présentant une résistance R_2, une self-induction L_2 et une capacité C_2.

La figure 60 représente le graphique de construction fournissant les valeurs du courant maximum, des différences de potentiel maximums aux bornes de la résistance non inductive et aux bornes de la résistance inductive, ainsi que les divers angles de décalage.

La puissance absorbée W_1 dans la résistance non inductive est

$$\frac{E_{max}^{(1)} \cdot I_{max}}{2}, \quad \text{ou encore} \quad \frac{\left(E_{max}^{(1)}\right)^2}{2R_1}, \quad \text{ou encore} \quad \frac{\left(E_{eff}^{(1)}\right)^2}{R_1}.$$

La puissance absorbée W_2 dans le groupe comprenant une résistance inductive et une capacité est :

$$W_2 = \frac{1}{2} \cdot E_{max}^{(2)} I_{max} \cdot \cos \varphi_2 = \frac{E_{max}^{(2)} E_{max}^{(1)}}{2R_1} \cdot \cos \varphi_2,$$

sur la figure 60,

$$E'_{max} = OA, \qquad E^2_{max} = AD,$$

d'ailleurs le triangle OAD donne :

$$\left(E_{max}\right)^2 = \left(E_{max}^{(1)}\right)^2 + \left(E_{max}^{(2)}\right)^2 + 2E_{max}^1 \cdot E_{max}^2 \cos \varphi_2,$$

c'est-à-dire :

$$W_2 = \frac{E_{max}^{(1)} \cdot E_{max}^{(2)} \cos \varphi_2}{2R_1} = \frac{\left(E_{max}\right)^2 - \left(E_{max}^{(1)}\right)^2 - \left(E_{max}^{(2)}\right)^2}{4R_1},$$

ou encore :

$$W_2 = \frac{\left(E_{eff}\right)^2 - \left(E_{eff}^{(1)}\right)^2 - \left(E_{eff}^{(2)}\right)^2}{2R_1},$$

si l'on veut de plus la puissance totale W absorbée dans l'ensemble compris entre A et B de la figure 59, il faudra ajouter à la formule précédemment trouvée $\frac{\left(E_{eff}^{(1)}\right)^2}{R}$, ce qui donnera immédiatement la relation :

$$W = \frac{\left(E_{eff}\right)^2 + \left(E_{eff}^{(1)}\right)^2 - \left(E_{eff}^{(2)}\right)^2}{2R_1}.$$

On peut donc à l'aide de trois voltmètres, ou de trois électromètres branchés convenablement, évaluer la puissance d'un circuit alternatif. C'est la méthode connue sous le nom du Docteur Sumpner, elle peut s'appliquer aussi bien au courant continu qu'au courant périodique.

PROBLÈME IV. — *Entre deux points* O *et* A *d'un circuit existe une différence de potentiel sinusoïdale* $E = E_{max} \sin \cdot \omega t$, *entre ces* deux mêmes points sont n dérivations caractérisées par les constantes suivantes :

CARACTÉRISTIQUES	RÉSISTANCE OHMIQUE	SELF-INDUCTION	CAPACITÉ
Caractéristiques de la 1re dérivation.......	R_1	$\mathcal{L}_1$	C_1
Caractéristiques de la 2e dérivation........	R_2	$\mathcal{L}_2$	C_2
....	....	....	....
Caractéristiques de la n^e dérivation	R_n	$\mathcal{L}_n$	C_n

Le problème consiste à évaluer géométriquement :

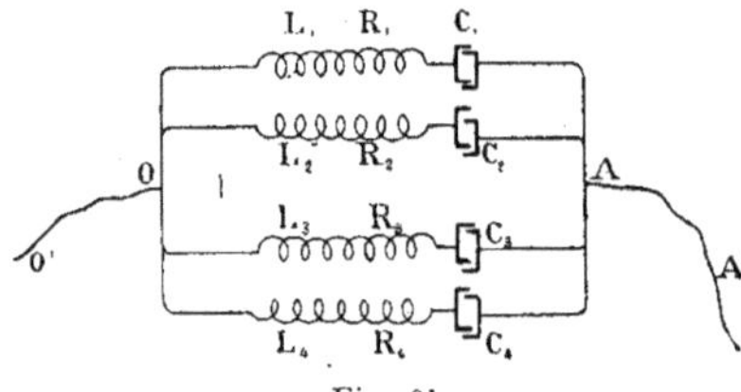

Fig. 61.

1° La forme et la valeur du courant du circuit non dérivé aboutissant en O et en A?

2° La forme et la valeur du courant dans chaque dérivation;

3° Les divers angles de décalage de ces divers courants sur la force électromotrice agissante, etc., etc.

Nous limiterons notre effort à quatre dérivations (fig. 61), ce que nous allons dire, en cette hypothèse, se répètera pour un nombre quelconque de circuits dérivés entre O et A.

Sur le segment OA, auquel nous avons donné la valeur maximum de la différence de potentiel E_{max}, traçons une circonférence et, sur OA comme hypoténuse, construisons les triangles rectangles OBA, OCA, ODA, OGA disposés, par rapport à $\overline{OA}$, dans le sens des aiguilles d'une montre, si le terme $\mathcal{L}\omega - \dfrac{1}{C\omega}$ relatif à la dérivation est positif, et en sens inverse, si ce même terme est négatif (fig. 62). Nous avons supposé, dans notre exemple, que, dans trois dérivations, la self-induction était prépondérante, tandis que, dans la troisième dérivation, l'importance de la capacité occasionnait, au contraire, une avance du courant sur la différence de potentiel appliquée. Nous supposons toujours qu'à l'origine des temps, le vecteur E s'applique sur l'axe ox, l'axe oy étant perpendiculaire sur oy.

Sur chaque composante ohmique de la différence de potentiel relative aux successives dérivations, déterminons la valeur maximum du courant; nous savons qu'il suffira, par exemple, pour la première

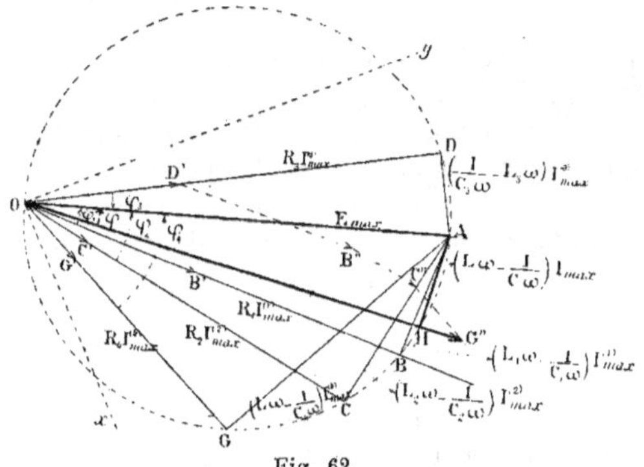

Fig. 62.

dérivation, de diviser le segment OB par R_1 pour trouver la valeur cherchée :

$$I_{max}^{(1)} = \overline{OB'}$$

on déterminerait de même :

$$I_{max}^{(2)} = \overline{OC'}, \qquad I_{max}^{(3)} = \overline{OD'}, \qquad I_{m\,x}^{(4)} = OG'.$$

Or, au point O (fig. 61), nous savons que le courant I, qui parcourt O'O, a pour valeur, à tout instant, par suite des lois de Kirchhoff, la somme même de chacun des courants instantanés représentés par une des expressions suivantes :

1er circuit : $I^{(1)} = I_{max}^{(1)} \sin(\omega t - \varphi_1)$,

2e circuit : $I^{(2)} = I_{max}^{(2)} \sin(\omega t - \varphi_2)$,

3e circuit : $I^{(3)} = I_{max}^{(3)} \sin(\omega t - \varphi_3)$ $(\varphi_3 < 0)$,

4e circuit : $I^{(4)} = I_{max}^{(4)} \sin(\omega t - \varphi_4)$;

par conséquent, si OG″ est la somme géométrique des segments $\overline{OB'}$, $\overline{OC'}$, $\overline{OD'}$ et $\overline{OG'}$, c'est-à-dire, si :

$$\overline{OG''} = \overline{OB'} + \overline{OC'} + \overline{OD'} + \overline{OG'},$$

nous aurons, en appelant $OG'' = I'$, et en choisissant oy comme axe de projection :

$$I' \sin(\omega t - \varphi) = I^{(1)}_{max} \sin(\omega t - \varphi_1) + I^{(2)}_{max} \sin(\omega t - \varphi_2) + I^{(3)}_{max} \sin(\omega t - \varphi_3) + I^{(4)}_{max} \sin(\omega t - \varphi_4).$$

Il résulte de cette étude que I' (ou OG'') représente la valeur maximum I_{max} du courant général cherché et que le segment OG'' représente graphiquement sur la figure 62 le courant général.

Les quatre dérivations entre O et A peuvent donc être remplacées par une seule, dont les caractéristiques sont immédiatement fournies par le graphique de la figure 62; la résistance, que nous représenterons par R, serait donnée par la relation :

$$R = \frac{OH}{OG''},$$

quant à l'ensemble de self-induction et de capacité donnant à ce circuit unique l'inductance nécessaire, il se déduit également par la considération de la même figure :

$$B = \mathcal{L}\omega - \frac{1}{C\omega} = \frac{AH}{OG''}.$$

Nous pouvons aussi calculer facilement R et B, en procédant de la manière suivante. Projetons la ligne brisée $OD'B''C''G''$ et le vecteur OG'' qui le ferme d'abord sur OA, puis sur une normale à OA, nous aurons :

$$\begin{aligned}
I_{max} \cos\varphi &= I^{(1)}_{max} \cos\varphi_1 + \ldots\ldots + I^{(4)}_{max} \cos\varphi_4 \\
I_{max} \sin\varphi &= I^{(1)}_{max} \sin\varphi_1 + \ldots\ldots + I^{(4)}_{max} \cos\varphi_1
\end{aligned} \qquad (X_1)$$

d'ailleurs nous aurons :

$$I^{(1)}_{max} = \frac{E_{max}}{\sqrt{R_1^2 + \left(\mathcal{L}_1\omega - \dfrac{1}{C_1\omega}\right)^2}}, \ldots\ldots, \qquad I^{(4)}_{max} = \frac{E_{max}}{\sqrt{R_4^2 + \left(\mathcal{L}_4\omega - \dfrac{1}{C_4\omega}\right)^2}},$$

$$\cos\varphi_1 = \frac{R_1}{\sqrt{R_1^2 + \left(\mathcal{L}_1\omega - \dfrac{1}{C\omega_1}\right)^2}}, \ldots\ldots, \cos\varphi_1 = \frac{R_4}{\sqrt{R_4^2 + \left(\mathcal{L}_4\omega - \dfrac{1}{C_4\omega}\right)^2}},$$

$$\sin\varphi_1 = \frac{\mathcal{L}_1\omega - \dfrac{1}{C_1\omega}}{\sqrt{R_1^2 + \left(\mathcal{L}_1\omega - \dfrac{1}{C\omega_1}\right)^2}}, \ldots\ldots, \sin\varphi_4 = \frac{\mathcal{L}_4\omega - \dfrac{1}{C_4\omega}}{\sqrt{R_4^2 + \left(\mathcal{L}_4\omega - \dfrac{1}{C_4\omega}\right)^2}}$$

de sorte qu'en remplaçant dans les équations X_1, nous aurons :

$$I_{max}\cos\varphi = E_{max}\left[\frac{R_1}{R_1^2 + \left(\mathcal{L}_1\omega - \dfrac{1}{C_1\omega}\right)^2} + \cdots\cdots + \frac{R_4}{R_4^2 + \left(\mathcal{L}_4\omega - \dfrac{1}{C_4\omega}\right)^2}\right]$$

$$I_{max}\sin\varphi = E_{max}\left[\frac{\mathcal{L}_1\omega - \dfrac{1}{C_1\omega}}{R_1^2 + \left(\mathcal{L}_4\omega - \dfrac{1}{C_1\omega}\right)^2} + \cdots\cdots + \frac{\mathcal{L}_4\omega - \dfrac{1}{C_4\omega}}{R_4^2 + \left(\mathcal{L}_4\omega - \dfrac{1}{C_4\omega}\right)^2}\right]$$

ou en faisant membre à membre le quotient, puis la somme membre à membre des termes élevés au carré, nous aurons :

$$\operatorname{tg}\varphi = \frac{\dfrac{\mathcal{L}_1\omega - \dfrac{1}{C_1\omega}}{R_1^2 + \left(\mathcal{L}_1\omega - \dfrac{1}{C_1\omega}\right)^2} + \cdots\cdots + \dfrac{\mathcal{L}_4\omega - \dfrac{1}{C_4\omega}}{R_4^2 + \left(\mathcal{L}_4\omega - \dfrac{1}{C_4\omega}\right)^2}}{\dfrac{R_1}{R_1^2 + \left(\mathcal{L}_1\omega - \dfrac{1}{C_1\omega}\right)^2} + \cdots\cdots + \dfrac{R_4}{R_4^2 + \left(\mathcal{L}_4\omega - \dfrac{1}{C_4\omega}\right)^2}}$$

$$I_{max}^2 = E_{max}^2\left[\left(\frac{R_1}{R_1^2 + \left(\mathcal{L}_1\omega - \dfrac{1}{C_1\omega}\right)^2} + \cdots\cdots + \frac{R_4}{R_4^2 + \left(\mathcal{L}_4\omega - \dfrac{1}{C_4\omega}\right)^2}\right)^2\right.$$

$$\left. + \left(\frac{\mathcal{L}_4\omega - \dfrac{1}{C_4\omega}}{R_1^2 + \left(\mathcal{L}_1\omega - \dfrac{1}{C_1\omega}\right)^2} + \cdots\cdots + \frac{\mathcal{L}_4\omega - \dfrac{1}{C_4\omega}}{R_4^2 + \left(\mathcal{L}_4\omega - \dfrac{1}{C_4\omega}\right)^2}\right)^2\right]$$

D'autre part, nous avons pour servir de définition de R, $\mathcal{L}$ et C, les formules :

$$I_{max}^2 = \frac{E_{max}^2}{R^2 + \left(\mathcal{L}\omega - \dfrac{1}{C\omega}\right)^2},$$

$$\operatorname{tg}\varphi = \frac{\mathcal{L}\omega - \dfrac{1}{C\omega}}{R} = \frac{B}{R};$$

de sorte que, si nous posons :

$$a = \frac{R_1}{R_1^2 + \left(\mathcal{L}_1\omega - \dfrac{1}{C_1\omega}\right)^2} + \cdots + \frac{R_4}{R_4^2 + \left(\mathcal{L}_4\omega - \dfrac{1}{C_4\omega}\right)^2},$$

$$b = \frac{\mathcal{L}_1\omega - \dfrac{1}{C_1\omega}}{R_1^2 + \left(\mathcal{L}_1\omega - \dfrac{1}{C_1\omega}\right)^2} + \cdots + \frac{\mathcal{L}_4\omega - \dfrac{1}{C_4\omega}}{R_4^2 + \left(\mathcal{L}_4\omega - \dfrac{1}{C_4\omega}\right)^2},$$

nous aurons :

$$\operatorname{tg}\varphi = \frac{b}{a}, \qquad \mathrm{I}^2_{\max} = \mathrm{E}^2_{\max}\,(a^2 + b^2),$$

d'où, nous déduirons en comparant avec deux égalités précédentes :

$$\begin{cases} \dfrac{b}{a} = \dfrac{\mathcal{L}\omega - \dfrac{1}{C\omega}}{R} = \dfrac{B}{R} \\[2em] \dfrac{1}{a^2 + b^2} = R^2 + \left(\mathcal{L}\omega - \dfrac{1}{C\omega}\right)^2 ; \end{cases}$$

nous donnerons à la première de ces équations la forme suivante :

$$\frac{\mathcal{L}\omega - \dfrac{1}{C\omega}}{b} = \frac{R}{a} = \frac{\sqrt{R^2 + \left(\mathcal{L}\omega - \dfrac{1}{C\omega}\right)^2}}{\sqrt{a^2 + b^2}},$$

en tenant compte alors de la seconde, nous aurons immédiatement :

$$R = \frac{a}{a^2 + b^2},$$

$$B = \mathcal{L}\omega - \frac{1}{C\omega} = \frac{b}{a^2 + b^2} ;$$

on voit ainsi que R a une valeur parfaitement définie, tandis qu'il existe entre $\mathcal{L}$ et C une indétermination du premier degré; c'est-à dire que, si nous nous donnons $\mathcal{L}$, C est déterminé et inversement. *Le problème IV est ainsi intégralement résolu.*

Problème V. — Nous allons nous proposer le même problème que le précédent, mais en supposant que nous connaissions (fig. 61) le courant dans les branches aboutissantes O'O et AA', au lieu et place de la différence de potentiel entre O et **A**.

Nous pourrons résoudre ce problème une première fois de la manière suivante : nous supposerons connue la différence de potentiel agissante et nous ferons les constructions indiquées précédemment; ceci fait, il nous restera à modifier l'échelle du graphique, de manière à obtenir, pour intensité maximum résultante, l'intensité maximum donnée.

On peut proposer une seconde méthode consistant à appliquer les formules trouvées précédemment, mais en considérant $\mathrm{I}_{\max}$ non plus comme une inconnue, mais bien comme une donnée du problème. Le lecteur traitera facilement de lui-même la solution tout entière.

Cas généraux. — Tous les cas généraux des problèmes sur les rapports des courants, des différences de potentiel qu'on rencontre dans les circuits plus ou moins complexes se ramènent toujours, par voie de simplifications successives, aux problèmes précédemment traités. Le nombre des combinaisons à faire sur les circuits est plusieurs fois indéfini, il serait donc illusoire de chercher à traiter ici tous les problèmes qui peuvent se poser sur ce sujet.

Application. — Nous traiterons, à titre d'indication, un problème de forme classique : *Un circuit se bifurque en deux branches aux points* B *et* A *(fig. 63); entre* B *et* A *existe une différence de potentiel efficace de* 4.000 *volts, dans une des branches de la dérivation se trouve une capacité de* 6 *microfarads, tandis que dans*

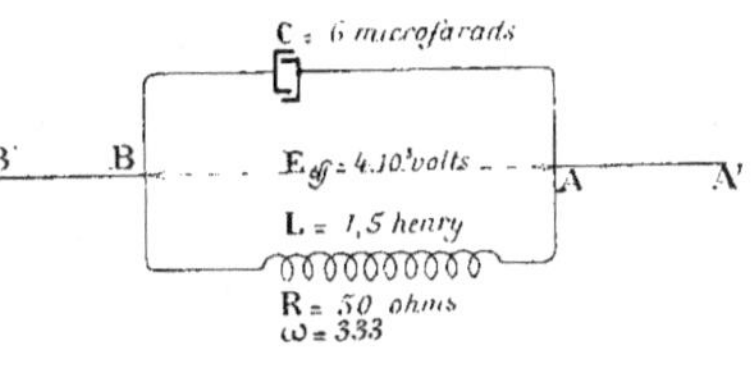

Fig. 63.

l'autre est une résistance inductive dont le coefficient £ *de self-induction est de* 1,5 *henry et la résistance ohmique* R *de* 50 *ohms, la valeur de* ω *est de* 333*; on demande de calculer les intensités et*

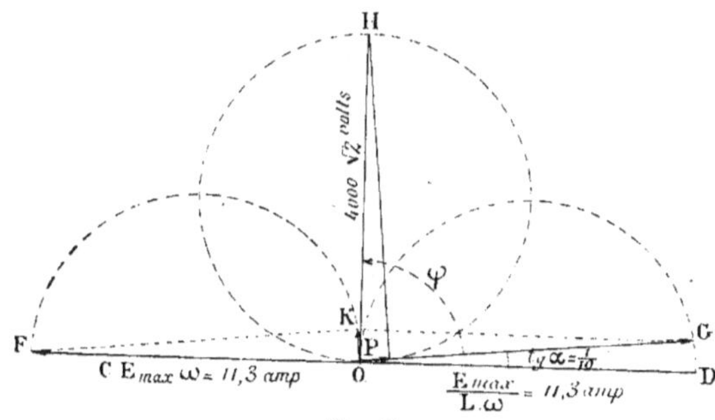

Fig. 64.

les angles de décalage relativement à chaque branche de la dérivation.

La branche du condensateur ne contenant pas de résistance ohmique, l'intensité du courant $\overline{OF}$ est en avance de $\frac{\pi}{2}$ sur la différence de potentiel agissante $\overline{\text{OH}}$ (fig. 64), la valeur de cette intensité maximum est :

$$6 \times 10^{-6} \times 4.000 \times \sqrt{2} \times 333 = 11,3 \text{ ampères,}$$

pour l'autre branche, la tangente de l'angle φ de décalage du courant sur la différence de potentiel est donnée par la relation :

$$\text{tg}\,\varphi = \frac{1,5 \times 333}{50} = 10,$$

par suite, le courant $\overline{\text{OG}}$ est en retard de près de $\frac{\pi}{2}$ sur la différence de potentiel agissante, la valeur de OG est :

$$\overline{\text{OG}}^2 = \frac{\text{E}_{max}}{\sqrt{50^2 + (1,5 \times 333)^2}} = \frac{4.000 \times \sqrt{2}}{\sqrt{50^2 + 500^2}} = \frac{5,65 \times 10^3}{\sqrt{50^2 + 500^2}},$$

ou encore :

$$\overline{\text{OG}}^2 + \left(\frac{\text{OG}}{10}\right)^2 = (11,3)^2$$

On voit donc que OG diffère très peu de 11,3 ampères et, de plus, que G se trouve sur la circonférence construite sur la longueur OD $= 11,3$ comme diamètre,

La valeur maximum du courant qui parcourt B'B et AA' s'obtient en construisant un parallélogramme sur FO et OG comme côtés consécutifs, on obtient ainsi OK $=$ GD $= \dfrac{\text{OG}}{10} = 1,13$ ampère, son décalage φ' en avance sur la différence de potentiel qui règne entre B et A est tel que :

$$\text{tg}\,\varphi' = \text{cotg}\,\varphi = \frac{1}{10}.$$

CHAPITRE VI

Les courants alternatifs (*suite*).
Méthode de P. Steinmetz. — Études sur le triphasé.
Phénomènes de répulsion.

***Méthode (1) de calcul par les imaginaires indiquée par P. Steinmetz. — Loi d'Ohm généralisée.** — Si, entre deux points A et B d'un circuit, la différence E de potentiel est exprimée par la relation :

$$E = E_{max}.\sin \omega t,$$

le courant sera exprimé par la relation :

$$I = \frac{E_{max}}{\sqrt{R^2 + \left(\mathcal{L}\omega - \dfrac{1}{C\omega}\right)^2}} \sin (\omega t - \varphi), \quad \text{avec } \operatorname{tg}\varphi = \frac{\mathcal{L}\omega - \dfrac{1}{C\omega}}{R}$$

R, $\mathcal{L}$ et C étant la résistance, la self-induction et la capacité que présente le circuit entre les deux points considérés.

Si, au lieu de prendre l'origine des temps à partir d'une certaine direction Ox du plan du graphique, nous avions pris cette origine à partir d'une direction perpendiculaire sur Ox en arrière de cette droite Ox, nous eussions été amenés à représenter *toute l'histoire du phénomène* par les relations suivantes :

$$E' = E_{max} \cos.\omega t,$$

$$I' = \frac{E_{max}}{\sqrt{R^2 + \left(\mathcal{L}\omega - \dfrac{1}{C\omega}\right)^2}} \cos (\omega t - \varphi), \quad \text{avec } \operatorname{tg}\varphi = \frac{\mathcal{L}\omega - \dfrac{1}{C\omega}}{R}.$$

---

(1) Les personnes que l'usage des imaginaires effraierait sont averties que la compréhension des paragraphes traitant de cette question n'est pas indispensable pour l'étude du reste de l'ouvrage; ces parties peuvent à la rigueur être négligées, page 115 à la page 127.

L'idée de P. Steinmetz fut de combiner analytiquement ces deux formes de représentations équivalentes, et de former les expressions imaginaires :

$$E' + \sqrt{-1}\,E, \quad I' + \sqrt{-1}\,I,$$

P. Steinmetz fut amené ainsi à considérer les forces électromotrices complexes, les différences de potentiel complexes, les intensités complexes de courant, etc., etc.; c'est ainsi que la différence de potentiel *complexe* entre les points A et B est donnée par l'expression :

$$[E] = E_{max}\,(\cos\omega t + \sqrt{-1}\,\sin\omega t),$$

l'intensité complexe du courant aura pour expression :

$$[I] = \frac{E_{max}}{\sqrt{R^2 + \left(\mathscr{L}\omega - \dfrac{1}{C\omega}\right)^2}}\,\left[\cos(\omega t - \varphi) + \sqrt{-1}\,\sin(\omega t - \varphi)\right],$$

$$= \frac{E_{max}}{\sqrt{R^2 + \left(\mathscr{L}\omega - \dfrac{1}{C\omega}\right)^2}}\,(\cos\omega t + \sqrt{-1}\,\sin\omega t)(\cos\varphi - \sqrt{-1}\,\sin\varphi),$$

d'où :

$$[I] = \frac{[E]}{\sqrt{R^2 + \left(\mathscr{L}\omega - \dfrac{1}{C\omega}\right)^2} \times (\cos\varphi + \sqrt{-1}\,\sin\varphi)},$$

or :

$$\cos\varphi = \frac{R}{\sqrt{R^2 + \left(\mathscr{L}\omega - \dfrac{1}{C\omega}\right)^2}}, \quad \sin\varphi = \frac{\mathscr{L}\omega - \dfrac{1}{C\omega}}{\sqrt{R^2 + \left(\mathscr{L}\omega - \dfrac{1}{C\omega}\right)^2}};$$

de sorte que :

$$[I] = \frac{[E]}{R + \sqrt{-1}\left(\mathscr{L}\omega - \dfrac{1}{C\omega}\right)},$$

on constate que le dénominateur est précisément une quantité complexe dont le module est l'impédance, et l'argument l'angle de déealage. Steinmetz appelle cette quantité complexe l'*impédance complexe*, il la désigne par $|Z|$ et il peut ainsi écrire :

$$[I] = \frac{[E]}{[Z]}.$$

sous cette forme, l'expression du courant s'exprime ainsi :

L'intensité complexe du courant est égale au quotient de la différence complexe de potentiel, existant entre deux points du circuit, par l'impédance complexe de la partie du circuit comprise entre ces deux points.

C'est la loi d'Ohm *généralisée* pour les courants périodiques.

* **Les lois de Kirchhoff.** — Les deux *lois de Kirchhoff* établies pour le courant continu se généralisent également, grâce au mode de représentation de P. Steinmetz, pour le courant alternatif.

a) Loi des sommets. — Autour d'un point commun O à plusieurs conducteurs, (fig. 65), nous avons entre les valeurs des courants instantanés I_1, I_2... I_n aboutissant à ce point

$$I_1 + I_2 + I_3 + \ldots\ldots + I_n = 0,$$

car, si cette somme n'était pas nulle à l'instant donné, sa valeur fonction de t

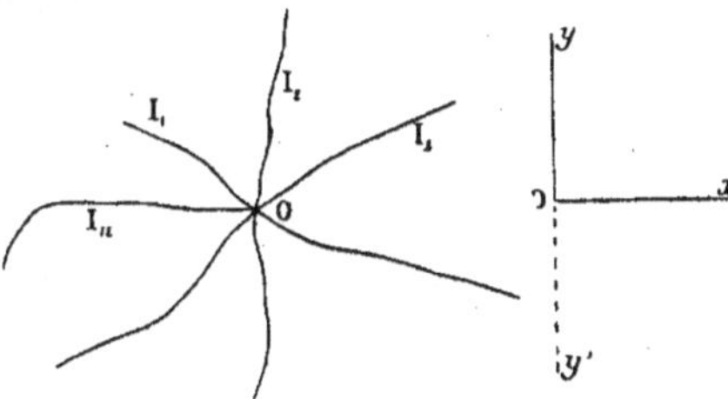

Fig. 65.

garderait pendant un temps déterminé une valeur dont le signe serait immuable, nous serions amenés à admettre qu'au point géométrique O, il peut y avoir concentration de quantité d'électricité.

Si, au lieu de prendre la droite ox comme axe d'origine du temps, nous prenions un axe oy' de direction perpendiculaire à ox, nous aurions encore, en appelant I'_1, I'_2,.., I'_n les valeurs instantanées des courants successifs :

$$I'_1 + I'_2 + \ldots\ldots + I'_n = 0,$$

ou encore, par une combinaison évidente d'équations :

$$(I'_1 + \sqrt{-1}\, I_1) + (I'_2 + \sqrt{-1})\, I_2 + \ldots\ldots + (I'_n + \sqrt{-1}\, I_n) = 0,$$

ce que nous exprimerons ainsi en vertu de notations admises :

$$[I_1] + I_2] + \ldots\ldots + [I_n] = 9.$$

b) Loi du contour fermé. — Considérons un polygone limité, pour simplifier la démonstration, à 5 sommets A,B,C,D,G ; (fig. 66), supposons qu'entre A et B au temps t, nous ayons, reliées par des conducteurs électriques, une self $\mathcal{L}_1$, une capacité C_1, une résistance R_1 et une force électromotrice continue E_1, le tout parcouru par le courant instantané I_1, nous aurons comme différence de potentiel instan-

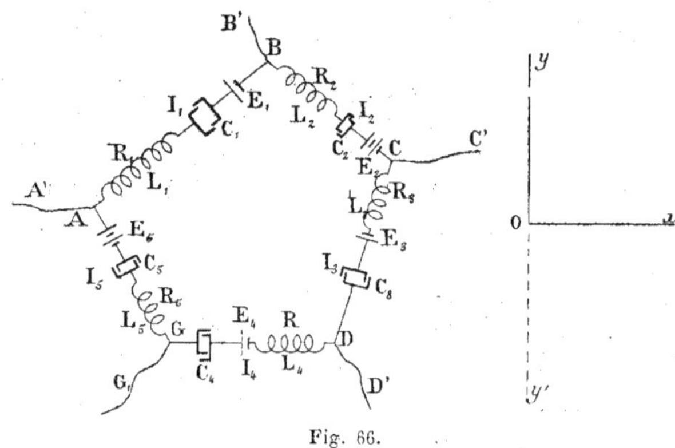

Fig. 66.

tanée entre A et B, en appelant v la différence de potentiel aux bornes du condensateur :

$$V_B - V_A = R_1\,I_1 + \mathcal{L}_1\frac{dI_1}{dt} + E_1 + v_1,$$

en écrivant la relation semblable se rapportant à chaque côté du polygone, nous aurons successivement :

$$V_C - V_B = R_2\,I_2 + \mathcal{L}_2\frac{dI_2}{dt} + E_2 + v_2,$$

$$\cdots\cdots\cdots\cdots\cdots\cdots\cdots\cdots\cdots\cdots\cdots$$

$$V_A - V_G = R_5\,I_5 + \mathcal{L}_5\frac{dI_5}{dt} + E_5 + v_5.$$

faisant ensuite la somme nous aurons :

$$0 = \sum\left(RI + \mathcal{L}\frac{dI}{dt} + E + v\right),$$

ceci se rapporte au cas où l'axe origine des t est ox, si nous choisissons la direction perpendiculaire oy' puis que nous appelions I_1', I_2'...

I'_5 les valeurs instantanées des cinq courants, nous aurons également :

$$0 = \sum \left(RI' + \mathcal{L} \frac{dI'}{dt} + E + v' \right),$$

et, par une combinaison évidente d'équations :

$$0 = \sum \left[R (I' + \sqrt{-1}\, I) + \mathcal{L} \frac{d (I' + \sqrt{-1}\, I)}{dt} + (1 + \sqrt{-1})\, E + (v' + v \sqrt{-1}) \right] = 0$$

ce que nous exprimerons ainsi en vertu des notations déjà admises :

$$0 = R_1 [I_1] + \mathcal{L}_1 \frac{d[I_1]}{dt} + (1 + 1 \sqrt{-1})\, E_1 + [v_1] +$$

$$\dotfill$$

$$R_5 [I]_5 + \mathcal{L}_5 \frac{d[I_5]}{dt} + (1 + \sqrt{-1})\, E_5 + [v_5],$$

ce qui est bien la *généralisation de 2e loi* de Kirchhoff. On remarquera qu'en A, B, C, D et G viennent aboutir des conducteurs A'A, B'B,... G'G en lesquels circulent également des courants.

*** Première application de la méthode de Steinmetz. —** Nous allons traiter par la méthode graphique et la méthode de Steinmetz le problème suivant.

Entre deux points P et Q d'un circuit existent deux groupes de deux dérivations que spécifie nettement le schéma (fig. 67), on donne l'intensité du courant dans les branches P'P et Q'Q, on demande de calculer, ou de construire, toutes les solutions que le problème comporte, savoir : les intensités dans chacune des branches, différences de potentiel entre P et S, puis entre S et Q, décalages des courants entre eux et de ceux-ci sur les différences de potentiel.

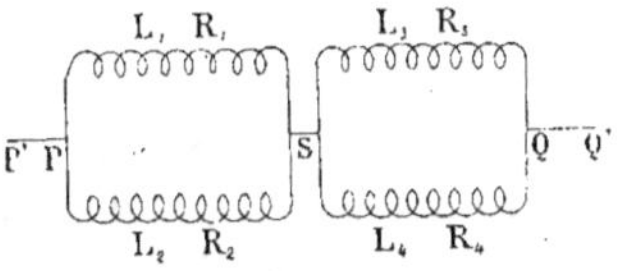

Fig. 67.

Solution graphique. — Nous supposerons d'abord connue la différence de potentiel périodique entre P et S, soit 0μ la valeur maximum de cette différence de potentiel ; sur 0μ, fig. 68, nous construirons, comme nous l'avons déjà indiqué, les vecteurs de courant

$o\chi$ et $o\tau$ relatifs à chacune des branches ayant, sur la fig. 67, P et S comme extrémités; ceci fait, nous composerons 0χ et 0τ suivant la règle du parallélogramme pour obtenir $0u$. Comme $0u$ doit représenter le vecteur courant résultant des vecteurs courants des deux

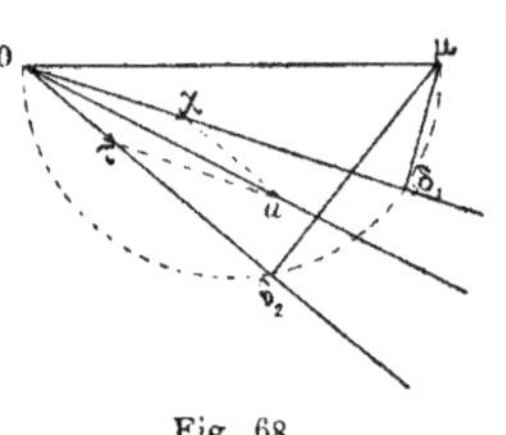

Fig. 68.   Fig. 69.

branches dérivées, sa longueur devrait être égale à l'intensité maximum du courant régnant dans P'P, soit

$$I = I_{max} \sin \omega t,$$

ce courant; il nous faudra donc changer l'échelle du diagramme de façon que $0u$ soit réellement égal à I_{max}; de plus, comme I est exprimé de telle sorte qu'il s'annule pour $t = 0$, nous devons disposer notre diagramme modifié à l'échelle de façon que $0u$ soit parallèle à l'axe $0.x$.

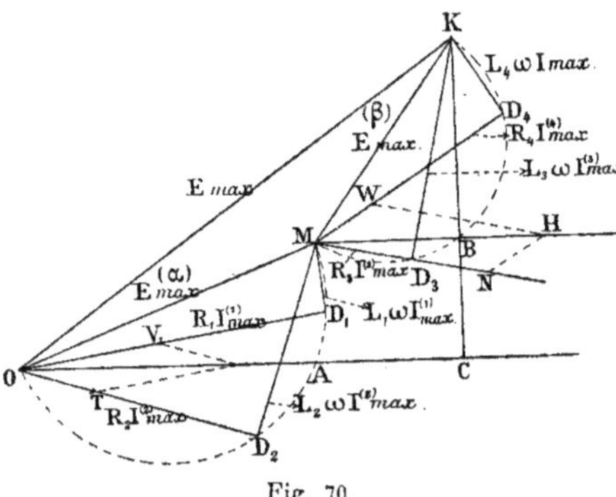

Fig. 70.

Nous ferons de même (fig. 69), à l'égard du 2e groupe de dérivation ($\mathcal{L}_3$, R_3, $\mathcal{L}_4$, R_4); il suffira pour terminer de mettre bout à bout (fig. 70), les deux diagrammes définitifs ainsi obtenus, de façon à faire coïncider les deux points μ avec le point M, en orientant ces deux diagrammes de façon que les droites OUA et MB soient parallèles.

Le diagramme définitif résout géométriquement la question complète, mais l'exécution précise de ces divers tracés est *très longue* et exige un bon dessinateur; si, de ce graphique, on veut tirer la valeur numérique des diverses inconnues, on aboutira à des calculs assez pénibles.

Solution par la méthode de Steinmetz. — Reprenons la figure schématique 67. Autour de P, d'après la 1re loi de Kirchhoff, nous avons :

$$[I_1] + [I_2] = [I],$$

entre P et S, la loi d'Ohm nous donne, en appelant $|Z|$ l'impédance complexe d'un circuit de résistance R et de self $\mathcal{L}$:

$$\frac{[I_1]}{[Z_2]} = \frac{[I_2]}{[Z_1]}, \quad \text{car} \quad [I_1 Z_1] = [I_2 Z_2],$$

de là, nous tirons :

$$\frac{[I_1]}{[Z_2]} = \frac{[I_2]}{[Z_1]} = \frac{[I_1 + I_2]}{[Z_1 + Z_2]} = \frac{[I]}{[Z_1 + Z_2]},$$

donc :

$$[I_1] = \frac{[Z_2]}{[Z_1 + Z_2]} [I], \quad I_2 = \frac{[Z_1]}{[Z_1 + Z_2]} [I] ;$$

c'est-à-dire, qu'en posant :

$$\text{tg}\,\varphi_1 = \frac{\mathcal{L}_1 \omega}{R_1}, \quad \text{tg}\,\varphi_2 = \frac{\mathcal{L}_2 \omega}{R_2}, \quad \text{tg}\,\Psi = \frac{(\mathcal{L}_1 + \mathcal{L}_2)\omega}{R_1 + R_2},$$

et tenant compte de ce que :

$$I = I_{max}.\sin \omega t,$$

nous aurons :

$$[I_1] = \sqrt{\frac{R_2^2 + \mathcal{L}_2^2 \omega^2}{(R_1 + R_2)^2 + (\mathcal{L}_1 + \mathcal{L}_2)^2 \omega^2}} . I_{max} . \frac{(\cos \varphi_2 + \sqrt{-1}\sin \varphi_2)(\cos \omega t + \sqrt{-1}.\sin \omega t)}{\cos \Psi + \sqrt{-1}\sin \Psi},$$

$$= \sqrt{\frac{R_2^2 + \mathcal{L}_2^2 \omega^2}{(R_1 + R_2)^2 + (\mathcal{L}_1 + \mathcal{L}_2)^2 \omega^2}} \times I_{max} \times [\cos(\omega t + \varphi_2 - \Psi) + \sqrt{-1}.\sin(\omega t + \varphi_2 - \Psi)],$$

et ainsi, en égalant entre elles les parties imaginaires :

$$I_1 = \sqrt{\frac{R_2^2 + \mathcal{L}_2^2 \omega^2}{(R_1 + R_2)^2 + (\mathcal{L}_1 + \mathcal{L}_2)^2 \omega^2}} \times I_{max} . \sin(\omega t + \varphi_2 - \Psi),$$

de même :

$$I_2 = \sqrt{\frac{R_1^2 + \mathcal{L}_1^2 \omega^2}{(R_1 + R_2)^2 + (\mathcal{L}_1 + \mathcal{L}_2)\omega^2}} \times I_{max} . \sin(\omega t + \varphi_1 - \Psi).$$

La différence du potentiel entre P et S sera donnée par la relation déduite de la loi d'Ohm :

$$[E'] = [I_1].[Z_1],$$

$$= \sqrt{\frac{(R_1^2 + \mathcal{L}_1^2\omega^2)(R_2 + \mathcal{L}_2^2\omega^2)}{(R_1+R_2)^2+(\mathcal{L}_1+\mathcal{L}_2)^2\omega^2}}.I_{max}\times\left[\cos(\omega t+\varphi_1+\varphi_2-\Psi)+\sqrt{-1}.\sin(\omega t+\varphi_1+\varphi_2-\Psi)\right],$$

et ainsi :

$$E' = \sqrt{\frac{(R_1^2 + \mathcal{L}_1^2\omega^2)(R_2^2 + \mathcal{L}_2^2\omega^2)}{(R_1+R_2)^2+(\mathcal{L}_1+\mathcal{L}_2)^2\omega^2}}\,I_{max}.\sin(\omega t+\varphi_1+\varphi_2-\Psi).$$

Toutes les autres solutions cherchées se déduiraient avec la même facilité, il est inutile de les écrire.

***Deuxième application de la même méthode. — Pont de Wheatstone en courants alternatifs.** — Supposons qu'entre A et B d'un

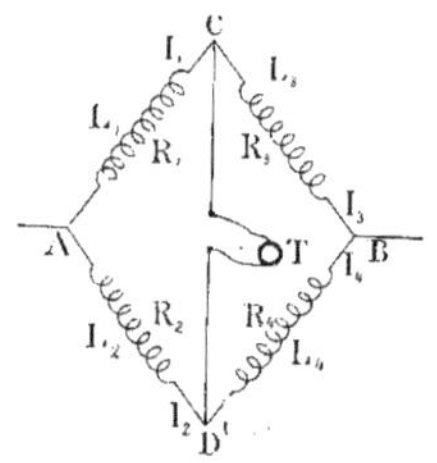

Fig. 71.

circuit, nous ayons un ensemble de circuits représenté par le schéma (fig. 71) ; pour simplifier nous n'avons pas supposé l'existence de capacité, mais le lecteur pourra reprendre le problème avec cette hypothèse. Entre C et D se trouve un électrodynamomètre, ou plus pratiquement, en l'espèce, un téléphone T. Le problème consiste à chercher les relations nécessaires entre les R et les $\mathcal{L}$ pour qu'il ne passe aucun courant dans la branche CD, ce qui sera *pratiquement* révélé par le silence du téléphone ou le repos de l'électrodynamomètre.

En C, il n'y a, par hypothèse, aucune dérivation dans CD, donc :

$$[I_1] = [I_3], \qquad \text{de même} \qquad [I_2] = [I_4],$$

si, entre CD, aucun courant ne passe, c'est qu'il n'existe entre ces points aucune différence de potentiel, c'est-à-dire que la différence de potentiel entre A et C et celle qui existe entre A et D sont égales, par conséquent :

$$[I_1][Z_1] = [I_2 Z_2], \qquad \text{de même} \qquad [I_2][Z_4] = [I_1][Z_3],$$

et en combinant ces deux relations :

$$\frac{[Z_1]}{[Z_3]} = \frac{[Z_2]}{[Z_4]},$$

et ainsi :

$$[Z_1][Z_4] = [Z_3][Z_2],$$

en explicitant :

$$(R_1 + \sqrt{-1}\,\mathcal{L}_1\omega)[R_4 + \sqrt{-1}\,\mathcal{L}_4\omega] = [R_3 + \sqrt{-1}\,\mathcal{L}_3\omega][R_2 + \sqrt{-1}\,\mathcal{L}_2\omega],$$

ou :

$$R_1R_4 - \mathcal{L}_1\mathcal{L}_4\omega^2 + \sqrt{-1}\,(R_1\mathcal{L}_4 + \mathcal{L}_1R_4)\omega = R_3R_2 - \mathcal{L}_3\mathcal{L}_2\omega^2 + \sqrt{-1}\,(R_3\mathcal{L}_2 + R_2\mathcal{L}_3)\omega,$$

c'est-à-dire :

$$\begin{cases} R_1R_4 - R_3R_2 = (\mathcal{L}_1\mathcal{L}_4 - \mathcal{L}_3\mathcal{L}_2)\omega^2, \\ R_4\mathcal{L}_4 + \mathcal{L}_1R_4 = (R_3\mathcal{L}_2 + R_2\mathcal{L}_3). \end{cases}$$

On aurait pu traiter ce problème par l'analyse ordinaire, mais il eût présenté une solution difficultueuse.

***Troisième application. — Calcul des différences de potentiel aux divers points de fourniture d'énergie d'une distribution.** — Le problème consiste à calculer les différences de potentiel [aux bornes de chaque dérivation (fig. 72), les valeurs des courants $I_1, I_2, I_3, I_4\ldots$,

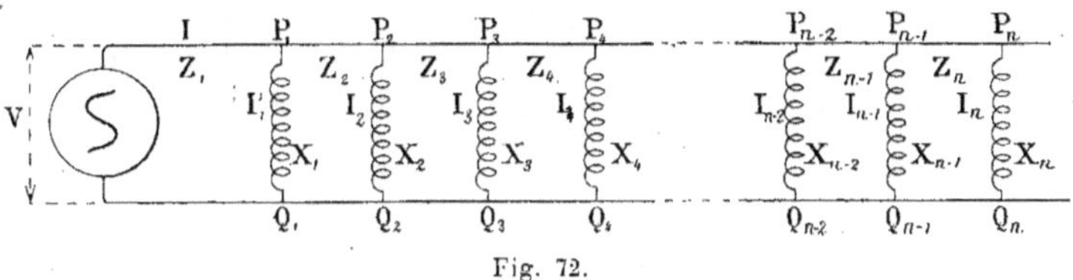

Fig. 72.

I_{n-2}, I_{n-1}, I_n en découleront immédiatement. Appelons V_p la différence de potentiel entre P_p et Q_p; Z_p l'impédance totale des câbles entre les points P_{p-1} et P_p, d'une part, et Q_{p-1} et Q_p d'autre part; X_p l'inverse de l'impédance (encore appelée *admittance*) de la dérivation comprise entre P_p et Q_p, nous aurons avec les notations ordinaires :

$$[V] = [V_1] + [Z_1][I],$$

mais :

$$[I] = [I_1] + [I_2] + [I_3] + \ldots\ldots + [I_{n-1}] + [I_n],$$

en remplaçant dans l'équation précédente, nous aurons :

$$[V] = [V_1] + [Z_1]\big\{[I_1] + [I_2] + [I_3] + \ldots\ldots + [I_n]\big\},$$

or :

$$[I_1] = [V_1] [X_1],$$
$$[I_2] = [V_2] [X_2],$$
$$\dots\dots\dots\dots\dots$$
$$[I_n] = [V_n] [X_n],$$

et ainsi :

$$[V]=[V_1] + [V_1] [Z_1] [X_1] + [V_2] [Z_1] [X_2] + \dots + [V_{n-1}] [Z_1] [X_{n-1}] + [V_n] [Z_1] [X_n],$$

de même, nous aurions successivement :

$$[V_1]=[V_2] + [V_2] [Z_2] [X_2] + [V_3] [Z_2] [X_3] + \dots + [V_{n-1}] [Z_2] [X_{n-1}] + [V_n] [Z_2] [X_n],$$
$$[V_2]=[V_3] + [V_3] [Z_3] [X_3] + [V_4] [Z_3] [X_4] + \dots + [V_{n-1}] [Z_3] [X_{n-1}] + [V_n] [Z_3] [X_n],$$
$$\dots\dots\dots\dots\dots\dots\dots\dots\dots\dots\dots\dots\dots\dots\dots\dots\dots\dots\dots\dots\dots\dots$$
$$\dots\dots\dots\dots\dots\dots\dots\dots\dots\dots\dots\dots\dots\dots\dots\dots\dots\dots\dots\dots\dots\dots$$
$$[V_{n-1}] = [V_n] + [V_n] [Z_n] [X_n].$$

En reportant, dans l'avant-dernière de ces relations, la valeur de $[V_{n-1}]$ tirée de la dernière, nous aurons $[V_{n-2}]$ exprimée linéairement en fonction de $[V_n]$; en reportant ensuite dans la deuxième avant-dernière les valeurs de $[V_{n-1}]$ et de $[V_{n-2}]$ calculées en fonction linéaire de $[V_n]$, nous aurons $[V_{n-3}]$ linéairement explicitée en fonction de $[V_n]$; en continuant de la sorte, nous exprimerons successivement tous les $[V]$ en fonction linéaire de $[V_n]$, de sorte que finalement nous aboutirons à une relation de la forme :

$$[V] = \left(\alpha + \beta \sqrt{-1}\right) [V_n],$$

on aura ainsi :
$$[V_n] = \frac{[V]}{\alpha + \beta \sqrt{-1}},$$

α et β étant des nombres réels.

En reportant dans les successives relations qui expriment les diverses différences de potentiel complexes en fonction de $[V_n]$, on aura toutes ces différences de potentiel complexes exprimées en fonction de $[V]$ qui est une donnée du problème.

Si, par exemple :

$$V = V_{max} \sin \omega t, \qquad \alpha = 4, \qquad \beta = 3$$

$$[V_n] = V_{max} \frac{\cos \omega t + \sqrt{-1} . \sin \omega t}{4 + 3 \sqrt{-1}}$$

ou encore :
$$[V_n] = V_{max} \frac{\cos \omega t + \sqrt{-1} \sin \omega t}{\sqrt{4^2 + 3^2} \left[\frac{4}{\sqrt{4^2 + 3^2}} + \sqrt{-1} \frac{3}{\sqrt{4^2 + 3^2}} \right]}$$

ou, en posant :

$$\mathrm{tg}\,\varphi_n = \frac{3}{4}$$

$$[V_n] = \frac{V_{max}}{5} \times \left[\cos(\omega t - \varphi_n) + \sqrt{-1}\,\sin(\omega t - \varphi_n)\right],$$

et ainsi :

$$V_n = \frac{V_{max}}{5}\,\sin(\omega t - \varphi_n),$$

Par le calcul ordinaire, la solution de ce problème présenterait de grandes difficultés.

Solution graphique. — Pour simplifier l'exposition, nous supposerons nos dérivations réduites à six (fig. 73 et 73 *bis*) :

$$P_6 Q_6, \quad P_5 Q_5, \ldots\ldots P_2 Q_2, \quad P_1 Q_1,$$

aux points P_5 et Q_5, nous aurons deux dérivations, l'une $P_5 Q_5$ et l'autre $P_5 P_6 Q_6 Q_5$; nous pouvons donc, d'après ce que nous avons

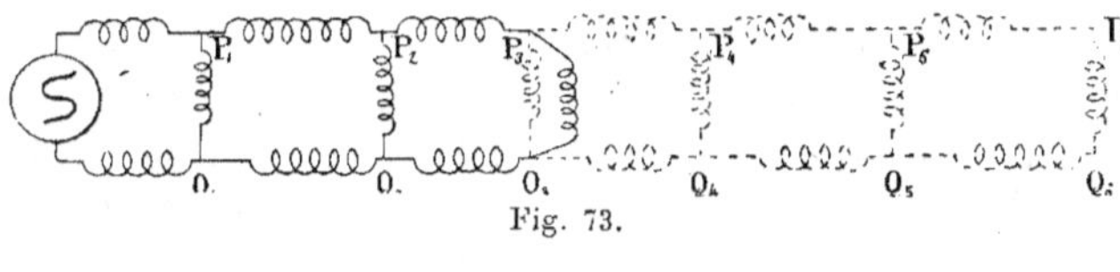

Fig. 73.

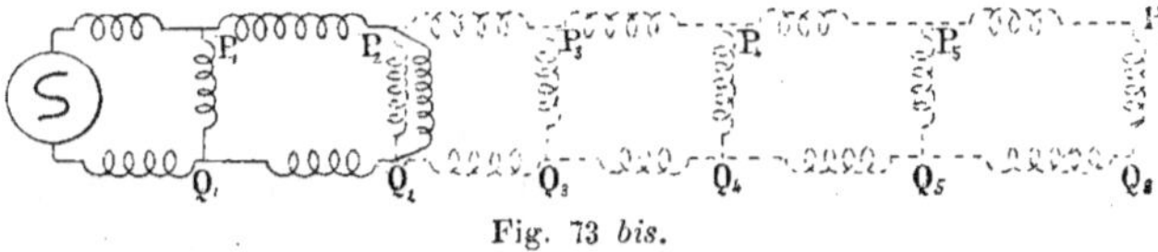

Fig. 73 *bis*.

vu précédemment, déterminer, géométriquement, une résistance et une self-induction susceptibles de remplacer en une seule dérivation l'ensemble des deux premières ; et les constructions effectuées nous donneraient toutes les valeurs des quantités inconnues : courant, décalage, etc., etc., si la différence de potentiel entre $P_5\,Q_5$ était connue.

Nous aurons ainsi supprimé un anneau à notre schéma ; en traitant de même les deux dérivations rayonnant autour de P_4 et Q_4, nous supprimerions un second anneau ; en notant bien que les constructions effectuées nous donneraient toutes les valeurs des

quantités inconnues : courant, décalage, etc., etc., si la différence
de potentiel entre P_4 et Q_4 était connue.

Les figures 73 et 73 *bis* indiquent schématiquement deux étapes
de l'opération ; à la dernière opération, nous serons réduits à une
dérivation aux bornes de la source elle-même dont la force électromotrice agissante est connue ; toutes les valeurs des inconnues de
cet anneau résiduel seront donc connues géométriquement, et, en
particulier, la différence de potentiel entre P_1 et Q_1. On comprend
maintenant qu'en parcourant inversement le cycle des constructions
déjà effectuées, on obtiendra, par des *successives réductions* des graphiques *à l'échelle*, toutes les inconnues du problème.

Le lecteur pourra s'assurer sur un exemple de *la longueur des
opérations de dessins* et de la délicatesse à apporter dans le travail.

*** Quatrième application. — Etude d'un système de distribution
à intensité constante.** — Ce système a été proposé par M. Boucherot ;
la réalisation des condensateurs industriels laissant encore beaucoup
à désirer, cette méthode n'est intéressante, à notre époque, qu'au
point de vue de la théorie pure.

Si, fig. 74, entre deux points M et N existe une différence de
potentiel sinusoïdale $E = E_m \sin \omega t$ dont on maintient constante la
valeur E_m, on dispose en série un condensateur C et une bobine de
self-induction $\mathcal{L}$, puis, aux bornes P et Q, on dispose un conducteur PRQ
sans self-induction. Ceci posé,
en admettant que la résistance
de la bobine de self soit négligeable, ainsi que la résistance des
conducteurs de liaison, on de-

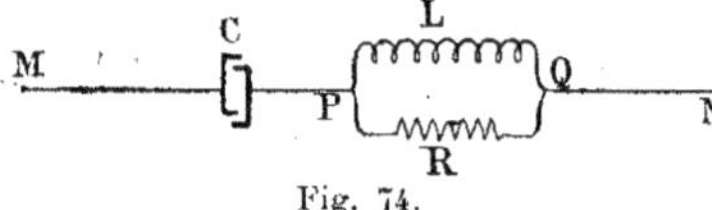

Fig. 74.

mande la relation qui doit exister entre $\mathcal{L}$ et C pour que le courant
dans la branche PRQ soit indépendant de R, autrement dit, invariable quelle que soit la valeur de R.

Appelons $[Z_1]$ l'impédance imaginaire de la partie MP, $[I_1]$ le
courant complexe intéressant cette même partie, $[Z_2]$ et $[I_2]$ les grandeurs correspondantes relatives à la bobine, enfin R et $[I_3]$ la résistance variable et le courant complexe de la branche PRQ, nous avons :

$$
\begin{cases}
[E] = [Z_1]\,[I_1] + R\,[I_3], \\
[Z_2]\,[I_2] = R\,[I_3], \\
[I_2] + [I_3] = [I_1].
\end{cases}
$$

Eliminons $[I_2]$ et $[I_1]$, nous avons d'abord :

$$\frac{[I_2]}{[R]} = \frac{[I_3]}{[Z_2]} = \frac{[I_2] + [I_3]}{[Z_2] + R} = \frac{[I_1]}{[Z_2] + R},$$

d'où :

$$[Z_1]\,[I_1] = \frac{[Z_2] + R}{[Z_2]}\,[I_3]\,[Z_1]$$

et par suite :

$$[E] = [I_3]\left[R + \frac{[Z_2] + R}{[Z_2]}\,[Z_1]\right] = [I_3]\left[[Z_1] + R\,\frac{[Z_2] + [Z_1]}{[Z_2]}\right]$$

or $[I_3]$ doit être *indépendant* de R, donc :

$$[Z_1] + [Z_2] = 0,$$

comme nous avons :

$$[Z_1] = -\frac{1}{C\omega}\sqrt{-1}, \quad [Z_2] = \mathcal{L}\omega\sqrt{-1},$$

la condition nécessaire cherchée est :

$$-\frac{C\omega}{1} + \mathcal{L}\omega = 0, \quad \text{c'est-à-dire} \quad \mathcal{L} = \frac{C\omega^2}{1}. \quad \text{C. Q. F. D.}$$

*** Problème électrotechnique pour servir d'application à la méthode graphique.** — Le problème que nous allons traiter aura l'avantage de mettre en relief l'utilité de la méthode pour l'étude des phénomènes qui accompagnent l'emploi des courants alternatifs ; il a été, de plus, choisi comme exemple, car il montre la possibilité de rencontrer, dans la pratique, des surtensions du genre de celles, dont nous avons eu l'occasion de parler à propos des circuits, en lesquels des self-inductions et des capacités sont intercalées.

Toutefois, avant d'aborder cette question, il nous est nécessaire de donner quelques explications préliminaires, relativement au mode de distribution électrique souterraine dans les grandes villes.

Lorsqu'on doit effectuer la distribution de l'énergie électrique sous forme monophasée dans les très grandes villes, on est contraint, par les municipalités, d'adopter les canalisations souterraines. Deux procédés se présentent au choix de la société d'exploitation ; elle pourra employer, pour la réalisation de ses lignes, deux câbles armés bien isolés de la terre et entre eux et absolument distincts l'un de l'autre, ou bien, elle pourra utiliser des câbles concentriques constitués de la façon suivante.

On dispose au centre (fig. 75), le premier des conducteurs en cuivre sur lequel sont étendues des épaisseurs *superposées* de

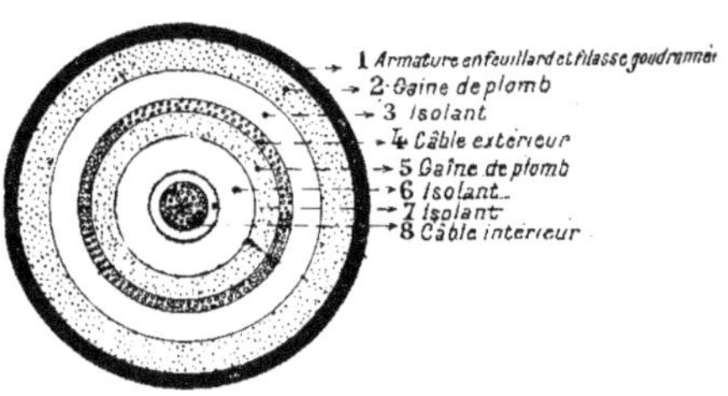

Fig. 75.

matière isolante de bonne qualité, le tout est enveloppé dans une gaîne de plomb ; sur celle-ci, le 2ᵉ conducteur, formé de fils multiples de cuivre est torsadé concentriquement, ensuite de la matière isolante recouvre sur une moindre épaisseur le 2ᵉ conducteur ; le câble est complété par une gaîne formée de plomb, ou de feuillard (ruban de tôles de fer) enroulé ; quant à la partie extérieure du câble, elle se compose de matières diverses, telles que de la filasse enduite de matières goudronneuses, destinées à protéger le câble contre l'humidité et contre l'attaque des corps corrosifs. Toutefois l'agencement de ces câbles concentriques diffère, quant aux détails, d'une maison de construction à l'autre.

Les câbles concentriques sont préférés (1), car la distribution avec câbles séparés crée, autour d'eux, des champs magnétiques périodiques susceptibles de produire, dans les canalisations voisines, les effets d'induction les plus gênants, surtout sur les lignes téléphoniques ; de plus, ces champs magnétiques variables sont l'occasion de perte d'énergie par courants de Foucault ou par hystérésis. En résumé, on est amené à préférer aux câbles séparés les câbles concentriques pour diverses autres raisons dont l'explication nous ferait sortir du cadre général de cet ouvrage. *Le problème que nous allons résoudre graphiquement est le suivant : Il peut être dangereux, par suite de surtensions possibles, de séparer, du câble concentrique de distribution générale, un circuit d'utilisation à courant monophasé d'un abonné en coupant la partie du circuit reliée au*

____

(1) Aux pages 59, 60 et 61 de ce fascicule, on a démontré la propriété suivante : L'induction en un point extérieur d'un câble est la même que si le courant total avait pour siège l'axe même du cylindre. Comme les deux courants qui parcourent les deux conducteurs d'un câble concentrique sont égaux et de sens contraire au même instant, les effets d'un câble concentrique à l'extérieur sont nuls.

*conducteur extérieur avant celle reliée au conducteur intérieur, ou
encore, au moment de la fermeture, en connectant le conducteur
intérieur avant le conducteur extérieur.*

C'est au surplus par l'expérience acquise en comparant les cir-
constances intervenant dans un grand nombre d'accidents qu'on a été
amené à dégager *expérimentalement* cette loi et à rechercher son
explication *a posteriori*. Un fait constant, que la théorie peut prévoir, mais que l'expérience met en évidence, est que le conducteur
externe d'un câble concentrique est à potentiel *différant très peu* de
celui de la terre; c'est pour cette raison qu'on diminue l'épaisseur de

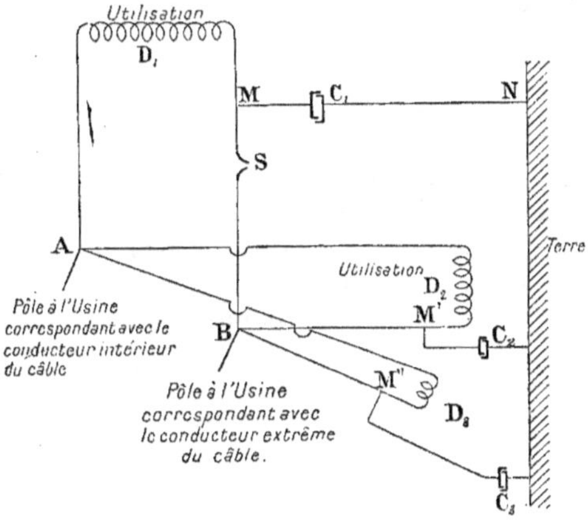

Fig. 76.

l'isolant entre le conducteur et l'armature, ce qui permet de diminuer
le prix du câble. Il faut remarquer que cet isolant extérieur détermine avec la terre et le conducteur extérieur un véritable condensateur dont la capacité est uniformément répartie le long du câble.

Ceci posé, supposons que A et B (fig. 76) soient les deux pôles de
l'usine génératrice productrice de courant monophasé. Supposons,
de plus, que A corresponde avec les âmes et B avec les conducteurs
externes des câbles de distribution; soient, à partir de ces points, un
certain nombre de départs de câbles concentriques correspondant à
des utilisations D_1, D_2, D_3; pour simplifier l'étude, limitons-nous à trois
ces départs. Supposons que nous ouvrions, au départ, un interrupteur S

placé sur la ligne du câble externe, notre circuit d'utilisation D_1 ne sera pas isolé de l'usine après cette opération ; car, grâce aux condensateurs formés, d'une part, par la terre sur laquelle les câbles reposent et chacun des conducteurs externes, d'autre part (avec, comme diélectrique, l'isolant externe du câble) notre circuit restera, malgré la manœuvre de S, absolument fermé et, même, de façon dangereuse pour S et l'utilisation D_1.

Au lieu et place du chemin MB, nous avons maintenant en série le condensateur C_1 avec la terre et ensuite les deux condensateur C_2 et C_3 ; cet ensemble peut donc être remplacé par un condensateur unique C dont la valeur serait :

$$\frac{1}{C} = \frac{1}{C_1} + \frac{1}{C_2 + C_3} \quad \text{ou} \quad C = \frac{C_1 (C_2 + C_3)}{C_1 + C_2 + C_3}.$$

Le circuit relatif à l'utilisation D_1 pourra, avec ce nouveau mode de bouclage avec le pôle B, être schématiquement représenté par la (fig. 77). Soit, *à un instant donné,* U la tension maintenue à l'usine d'autant plus facilement constante, de façon approximative, que l'importance de l'utilisation D_1 sera moins prépondérante, U_d la ten-

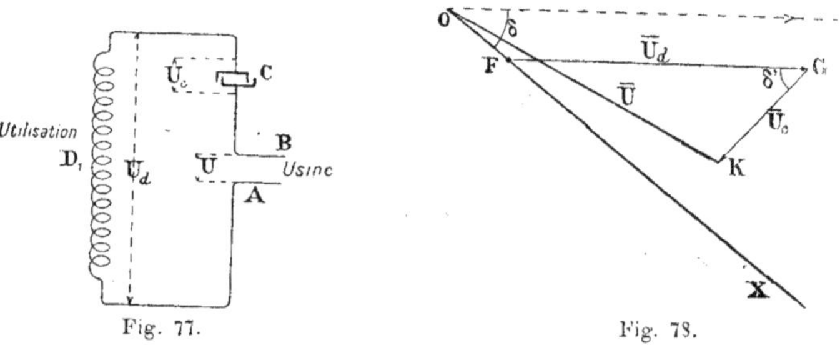

Fig. 77.   Fig. 78.

sion aux bornes de l'utilisation D_1, U_c la tension aux bornes de la capacité C, R la résistance des câbles d'amenée de circuit D_1 à partir de A et de B, la résistance de l'utilisation même D_1 étant *exceptée,* I le courant qui circule dans cette utilisation, nous aurons :

$$U = RI + U_d + U_c.$$

Nous allons traduire graphiquement cette relation vectorielle : soit (fig. 78), OX la direction du courant de circulation, OY la direction de U_d, l'angle YOX ou δ est donc un angle dépendant de la résistance et de la self-induction de D_1, au régime considéré, cet angle est déterminé par la relation :

$$\operatorname{tg}\delta = \frac{\mathcal{L}\,\omega}{r},$$

en appelant $\mathcal{L}$ et r la self actuelle et la résistance de l'utilisation D_1. Portons sur OX une longueur OF égale au produit de R par la valeur I_{max} du courant, puis, à partir de F, portons $\overline{U}_d$ parallèlement à OY (nous surmonterons les U d'un trait horizontal, quand nous voudrons désigner leur valeur maximum) de façon que ce vecteur soit *en avance* de δ sur OX; à partir de l'extrémité G, portons un vecteur égal à $\overline{U}_c$ normalement à OX, mais décalé en arrière de OX; en joignant OK, nous aurons obtenu le vecteur $\overline{U}$ repr* représentant la tension entre A et B, c'est-à-dire que :

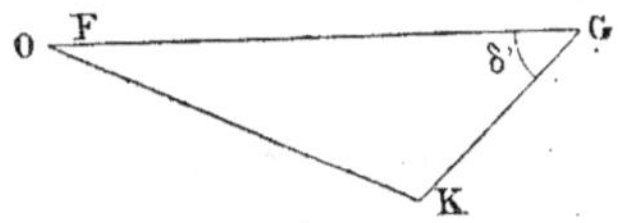

Fig. 79.

$$OK = \text{la constante } \overline{U}.$$

En pratique, OF est infiniment petit, nous pouvons le négliger et notre graphique se réduira au schéma (fig. 79); quand les valeurs relatives de $\overline{U}_c$ et de $\overline{U}_d$ varieront, le triangle FGK gardera la propriété d'être inscriptible dans un cercle de grandeur constante, le point G décrira dans ce cercle, lors des variations du rapport $\frac{\overline{U}_c}{U_d}$, un segment capable de l'angle δ', complémentaire de δ, sur le côté OK, dont la position restera invariable comme l'indique la figure 80.

La plus grande valeur que puisse prendre $\overline{U}_c$ correspond à une position pour laquelle le segment $\overline{U}_c^{(1)}$ passe par le centre même du cercle. Nous avons alors évidemment :

$$\overline{U}_c^{(1)} = \frac{\overline{U}}{\sin\delta'}, \quad \text{avec} \quad \frac{U_d^{(1)}}{U_c^{(1)}} = \cos\delta';$$

or, en appelant I_m la valeur maximum du courant, nous avons :

$$\overline{U}_d = I_m\,(r^2 + \mathcal{L}^2\,\omega^2)^{\frac{1}{2}},$$

$$\overline{U}_c = I_m\,\frac{1}{C\omega},$$

c'est-à-dire :

$$\frac{\bar{U}_d}{\bar{U}_c} = (r^2 + \mathcal{L}^2\,\omega^2)^{\frac{1}{2}}.\,C\omega = \frac{\mathcal{L}\,\omega^2\,C}{\left(\dfrac{\mathcal{L}\,\omega}{(r^2 + \mathcal{L}^2\,\omega^2)^{\frac{1}{2}}}\right)}.$$

ou encore :

$$\frac{\bar{U}_d}{\bar{U}_c} = \frac{\mathcal{L}\,\omega^2\,C}{\sin\delta},$$

la valeur la plus dangereuse de C sera ainsi donnée par la relation :

$$\frac{\mathcal{L}\,\omega^2\,C}{\sin\delta} = \cos\delta', \qquad \text{ou} \qquad \frac{\mathcal{L}\,\omega^2\,C}{\sin\delta} = \sin\delta,$$

soit, par conséquent :

$$C = \frac{\sin^2\delta}{\mathcal{L}\,\omega^2}.$$

Lorsque D_1 sera un circuit primaire de transformateur fonctionnant à vide, l'angle δ de décalage pourra arriver à avoir la valeur de 72° à 75° ; prenons, par exemple, $\delta = 72°,30'$ c'est-à-dire $\delta' = 17°30'$, sin $\delta' = 0,30$; de sorte que, si la tension à l'usine est 5.000 volts, nous aurons aux bornes de notre interrupteur S une tension de :

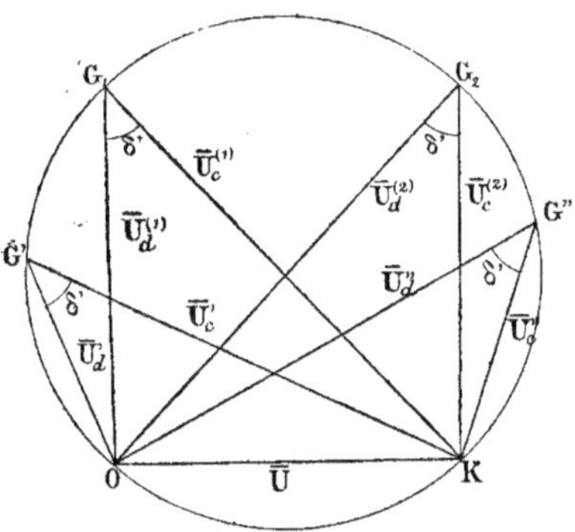

Fig. 80.

$$U_c = \frac{5.000}{0,30} = 16.660 \text{ volts},$$

on comprend le danger de ces surtensions et la nécessité de les prévenir, surtout que D_1 est également le siège d'une surtension. Les moyens à conseiller sont les suivants :

1° A la sortie de l'usine, *ne jamais mettre de plombs fusibles surtout sur le brin correspondant avec le conducteur externe*, car si celui-ci saute, on risquera les surtensions en quelques points du réseau. Mieux est de disposer des disjoncteurs automatiques coupant le brin externe toujours après le brin interne et fermant ce dernier, dans la remise en circuit, avant l'autre conducteur.

2° Disposer, *ce qui est très simple à réaliser*, des interrupteurs spéciaux coupant le circuit du brin externe après l'autre, et, pour la fermeture bouclant toujours le conducteur externe avant de boucler le conducteur interne.

3° Faire usage des appareils dits parafoudres. Ces appareils très répandus sont destinés à laisser éclater un arc entre deux de leurs pièces conductrices, lorsque la tension atteint des limites dangereuses, un dispositif supplémentaire permet de souffler l'arc et d'empêcher ainsi son entretien.

Considérations générales sur les courants triphasés. — Les appareils de génération industrielle des courants alternatifs se nomment *alternateurs*; nous admettrons, ce qui est d'ailleurs le cas des machines modernes, que les tensions aux bornes d'un alternateur polyphasé sont, en pratique, entièrement indépendantes des charges différentes des branches polyphasées des appareils récepteurs.

La représentation graphique des tensions aux bornes d'un alternateur couplé en étoile sera comme l'indique

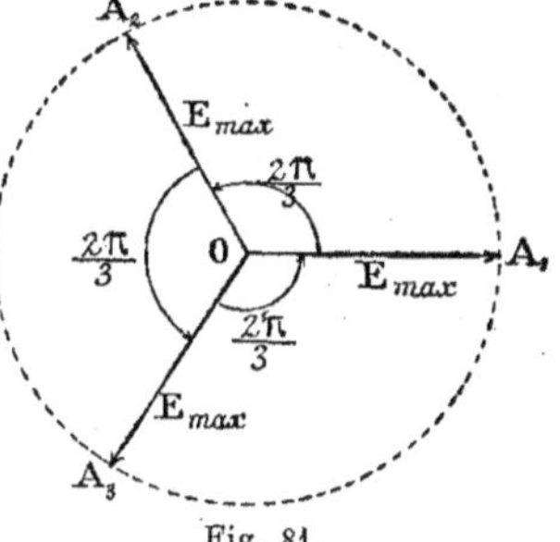

Fig. 81.

la figure 81 ; les trois tensions maxima sont égales et sont décalées les unes des autres de $\frac{2\pi}{3}$.

Si nous supposons (fig. 82) que, dans la distribution *étoilée*, les

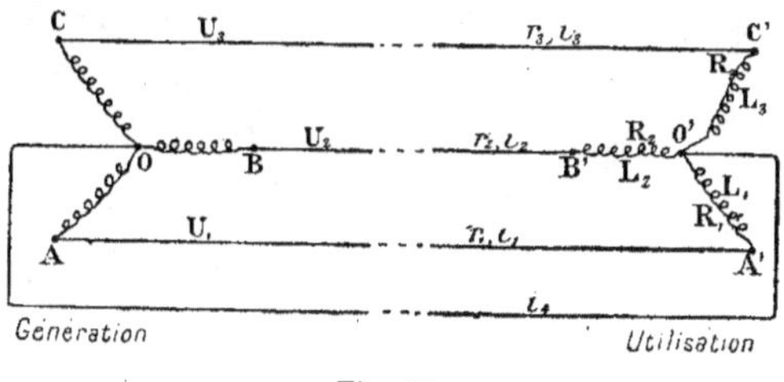

Fig. 82.

points O et O′ de la source et de l'utilisation soient reliés par un câble, nous aurons, en appelant i_4 le courant circulant dans le câble OO′, U_1 la force électromotrice sinusoïdale de la 1re phase de l'alternateur triphasé monté en étoile, U_2 et U_3 les grandeurs correspondantes de la 2e et 3e phases :

$$\begin{cases} U_1 = (R_1 + r_1)i_1 + (\mathcal{L}_1 + l_1)\dfrac{di_1}{dt}, \\[2mm] U_2 = (R_2 + r_2)i_2 + (\mathcal{L}_2 + l_2)\dfrac{di_2}{dt}, \\[2mm] U_3 = (R_3 + r_3)i_3 + (\mathcal{L}_3 + l_3)\dfrac{di_3}{dt}, \\[2mm] i_4 = i_1 + i_2 + i_3. \end{cases}$$

La solution immédiate de ces équations a été effectuée déjà, elle offre peu d'intérêt en elle-même ; la discussion en est plus intéressante mais celle-ci offre le désagrément d'exiger une longueur interminable de calculs, sauf l'hypothèse où on se place dans des cas particuliers.

Nous allons graphiquement étudier ce problème ; supposons donc que U_1, U_2, U_3 soient telles que l'expression de leurs forces électromotrices efficaces soient pratiquement invariables quelles que soient les charges ; dans ce cas, nous pourrons graphiquement représenter ces fonctions sinusoïdales par trois vecteurs OA_1, OA_2, OA_3 égaux entre eux, mais décalés les uns sur les autres de $\dfrac{2\pi}{3}$, (fig. 81).

Sur chacun de ces vecteurs, nous pourrons (fig. 83), effectuer la construction du courant et obtenir ainsi les trois courants, généralement inégaux, qui circulent dans chacune des phases OB_1, OB_2, OB_3 ; les décalages sur les forces électromotrices agissantes seront données par les formules suivantes :

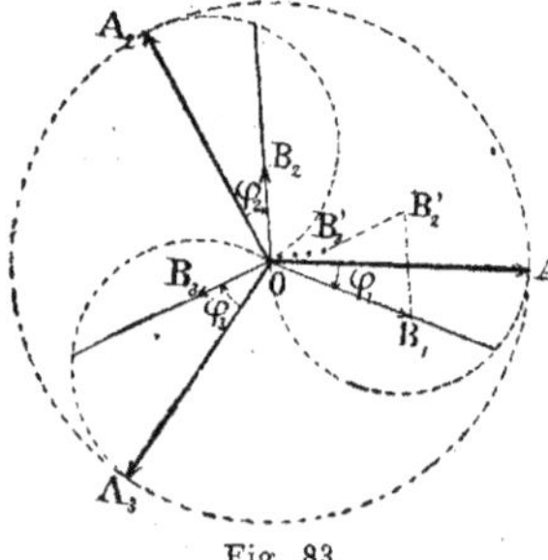

Fig. 83.

$$\operatorname{tg}\varphi_1 = \frac{(\mathcal{L}_1 + l_1)\omega}{R_1 + r_1},$$

$$\operatorname{tg}\varphi_2 = \frac{(\mathcal{L}_2 + l_2)\omega}{R_2 + r_2},$$

$$\operatorname{tg}\varphi_3 = \frac{(\mathcal{L}_3 + l_3)\omega}{R_3 + r_3};$$

ces décalages étant différents, il en résultera que les trois courants ne seront pas décalés les uns sur les autres du même angle $\dfrac{2\pi}{3}$ comme les forces électromotrices. Ces courants ont comme valeurs, d'après ce qui a été vu dans la théorie générale, en désignant toutefois par U_m la valeur maximum de U_1, U_2 et U_3 :

$$i_1 = \frac{U_m}{\sqrt{(R_1 + r_1)^2 + (\mathcal{L}_1 + l_1)^2 \omega^2}} \sin(\omega t - \varphi_1), \quad \text{lorsque} \quad U_1 = U_m \sin \omega t,$$

$$i_2 = \frac{U_m}{\sqrt{(R_2 + r_2)^2 + (\mathcal{L}_2 + l_2)^2 \omega^2}} \sin\left(\omega t + \frac{2\pi}{3} - \varphi_2\right), \quad \text{lorsque} \quad U_2 = U_m \sin\left(\omega t + \frac{2\pi}{3}\right),$$

$$i_3 = \frac{U_m}{\sqrt{(R_3 + r_3)^2 + (\mathcal{L}_3 + l_3)^2 \omega^2}} \sin\left(\omega t + \frac{4\pi}{3} - \varphi_3\right), \quad \text{lorsque} \quad U_3 = U_m \sin\left(\omega t + \frac{4\pi}{3}\right);$$

nous pouvons construire sur la figure 83 la valeur du courant i_4 circulant dans le fil qui relie les points neutres, il suffira de former le polygone $OB_1B'_2B'_3$; OB'_3 donnera la valeur du vecteur courant i_4.

En général, le fil qui joint $O\,O'$ n'existe pas dans les distributions, le problème se complique alors, car on devra considérer les trois groupes des circuits suivants de la figure 82 :

$$(OBB'O'C'CO), \quad (OAA'O'B'BO), \quad (OCC'O'A'AO);$$

nous aurons en appelant $i'_1\ i'_2,\ i'_3$ les trois nouveaux courants :

$$\begin{cases} U_2 - U_3 = (R_2 + r_2)\,i'_2 + (\mathcal{L}_2 + l_2)\,\dfrac{di'_2}{dt} - (R_3 + r_3)\,i'_3 - (\mathcal{L}_3 + l_3)\,\dfrac{di'_3}{dt}, \\[2mm] U_1 - U_2 = \ldots.. \\[2mm] U_3 - U_1 = (R_3 + r_3)\,i'_3 + (\mathcal{L}_3 + l_3)\,\dfrac{di'_3}{dt} - (R_1 + r_1)\,i'_1 - (\mathcal{L}_1 + l_1)\,\dfrac{di'_1}{dt}, \end{cases}$$

$$i'_1 + i'_2 + i'_3 = 0.$$

En pratique, il sera généralement inutile d'envisager la question sous une forme aussi compliquée, car on s'applique dans les distributions à charger les phases de façon aussi symétrique que possible ; si les utilisations sont des moteurs, cette symétrie de charge est atteinte par la symétrie du moteur lui-même et des lignes d'amenée ; si les utilisations sont constituées par des appareils d'éclairage, ce sera au *service technique* d'assurer pour le mieux l'équilibrage des charges ; nous ne considérerons donc désormais que le cas de charges symétriques. Dans cette hypothèse, les courants efficaces sont égaux et les courants instantanés sont décalés les uns sur les autres du même angle $\frac{2\pi}{3}$; le facteur de puissance est le même pour chaque phase.

Alternateur monté en étoile. — *Utilisation en triangle.* — Appelons (fig. 84), U_{3-2} la différence de potentiel instantanée relative au côté du triangle contenant la résistance R_1 et la self-induction $\mathcal{L}_1$, U_{1-3}, U_{2-1} les différences de potentiels intantanées des autres côtés du triangle, ces trois différences de potentiel étant comptées positivement sur les trois côtés du triangle, lorsque leur

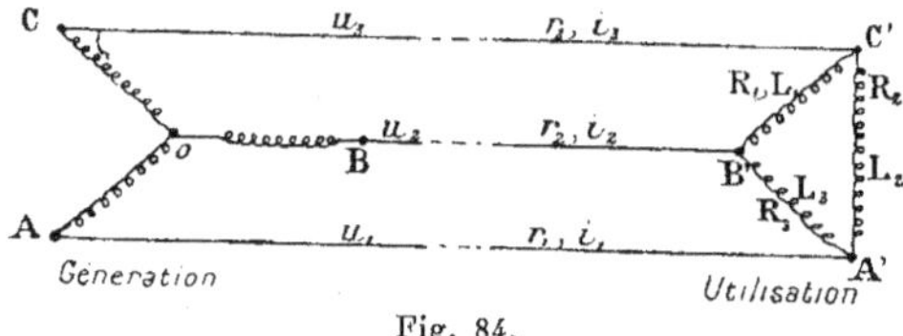

Fig. 84.

direction d'évaluation tourne dans le sens des aiguilles d'une montre autour du centre de gravité du triangle. Nous aurons, en appelant I_1, I_2, I_3 les courants instantanés de l'utilisation :

$$(A) \begin{cases} U_{3-2} = R_1 I_1 + \mathcal{L}_1 \dfrac{dI_1}{dt} & \text{et} \quad [I_1] = [Z_1]^{-1}\,[U_{3-2}], \\ \dots\dots\dots\dots\dots\dots & \qquad\quad [I_2] = [Z_2]^{-1}\,[U_{1-3}], \\ U_{2-1} = R_3 I_3 + \mathcal{L}_3 \dfrac{dI_3}{dt} & \text{et} \quad [I_3] = [Z_3]^{-1}\,[U_{2-1}], \end{cases}$$

avec les relations supplémentaires où on admet implicitement pour simplifier que les lignes possèdent des self-induction négligeables :

$$(B) \begin{cases} U_{3-2} + r_2 i_2 + u_2 - u_3 - r_3 i_3 = 0, \\ \dots\dots\dots\dots\dots\dots\dots\dots\dots \\ U_{2-1} + r_1.i_1 + u_1 - u_2 - r_2.i_2 = 0, \end{cases}$$

en écrivant de plus :

$$(C) \begin{cases} -I_1 + i_3 + I_2 = 0 & \text{et ainsi} & i_3 = I_1 - I_2, \\ -I_2 + i_1 + I_3 = 0 & - & i_1 = I_2 - I_3, \\ -I_3 + i_2 + I_1 = 0 & - & i_2 = I_3 - I_1. \end{cases}$$

Nous en concluons donc que :

$$(D) \begin{cases} [i_3] = -\,[Z_2]^{-1}\,[U_{1-3}] + [Z_1]^{-1}\,[U_{3-2}], \\ [i_2] = -\,[Z_1]^{-1}\,[U_{3-2}] + [Z_3]^{-1}\,[U_{2-1}], \\ [i_1] = -\,[Z_3]^{-1}\,[U_{2-1}] + [Z_2]^{-1}\,[U_{1-3}], \end{cases}$$

en reportant dans B, nous obtenous trois équations du premier degré en $[U]$ dans lesquelles les coefficients sont fonctions des r et des $[Z]$.

$$(G) \begin{cases} [u_2 - u_3] = a_1\,[U_{3-2}] + b_1\,[U_{1-3}] + c_1\,[U_{2-1}], \\ [u_3 - u_1] = a_2\,[U_{3-2}] + b_2\,[U_{1-3}] + c_2\,[U_{2-1}], \\ [u_1 - u_2] = a_3\,[U_{3-2}] + b_3\,[U_{1-3}] + c_3\,[U_{2-1}]. \end{cases}$$

Du système (G) nous déduirons facilement les valeurs de $[U_{3-2}]$, $[U_{1-3}]$, $[U_{2-1}]$, en fonction des données du problème ; nous en exprimerons ensuite les valeurs instantanées des $[I]$ et ensuite des $[i]$, la solution est donc complète. On appelle *tensions composées* les expressions : u_3-u_2, u_1-u_3 et u_2-u_1.

Pour simplifier, nous pouvons admettre que la ligne ait une influence faible, ce qui est conforme au cas où l'utilisation n'est pas à

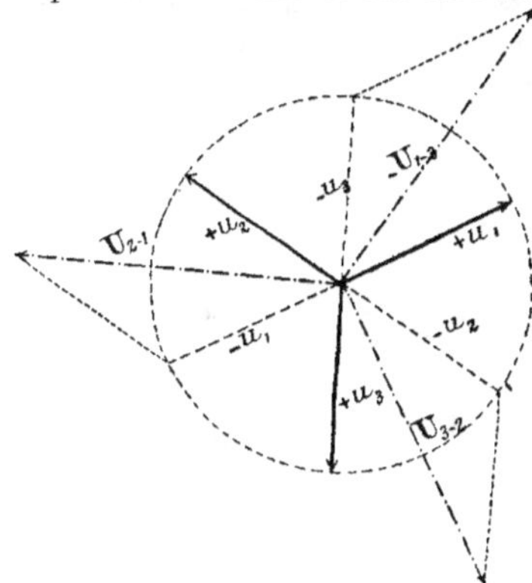

Fig. 85.

grande distance de la source, ceci revient à supposer que résistance et self-induction des lignes sont négligeables, alors :

$$U_{3-2} = u_3 - u_2, \qquad U_{2-1} = u_2 - u_1, \qquad U_{1-3} = u_1 - u_3.$$

Si nous supposons que les u ont pour expression

$$\begin{cases} u_1 = u_0 \sin \omega t, \\ u_2 = u_0 \sin\left(\omega t + \dfrac{2\pi}{3}\right), \\ u_3 = u_0 \sin\left(\omega t + \dfrac{4\pi}{3}\right); \end{cases}$$

la figure 85 donne alors le détail de la construction graphique, **on** voit que les U forment un système triphasé décalé de $\frac{\pi}{2}$ en arrière sur le système triphasé (u_1, u_2, u_3), on voit de plus que les valeurs maximums de ces tensions sont $u_0\sqrt{3}$, de sorte que

$$(\text{H}) \begin{cases} U_{3-2} = u_0.\sqrt{3}\sin\left(\omega t - \frac{\pi}{2}\right), \\[2mm] U_{1-3} = u_0.\sqrt{3}\sin\left(\omega t + \frac{\pi}{6}\right), \\[2mm] U_{2-1} = u_0.\sqrt{3}\sin\left(\omega t + \frac{5\pi}{6}\right). \end{cases}$$

Intensités dans les branches du triangle et dans les lignes d'amenée dans l'hypothèse de charges égales. — Nous aurons en |supposant, comme au paragraphe précédent, que les ligues aient des résistances et des self négligeables :

$$U_{3-2}^{(max)} = u_0\sqrt{3}, \quad R_1 = R_2 = R_3, \quad \mathcal{L}_1 = \mathcal{L}_2 = \mathcal{L}_3;$$

et ainsi :

$$(\text{K}) \begin{cases} I_1 = \dfrac{u_0\sqrt{3}}{\sqrt{R_1^2 + \mathcal{L}_1^2\,\omega^2}}\sin\left(\omega t - \frac{\pi}{2} - \varphi\right) = \dfrac{-u_0\sqrt{3}}{\sqrt{R_1^2 + \mathcal{L}_1^2\,\omega^2}}\cos(\omega t - \varphi), \\[4mm] I_2 = \dfrac{u_0\sqrt{3}}{\sqrt{R_1^2 + \mathcal{L}_1^2\,\omega^2}}\sin\left(\omega t + \frac{\pi}{6} - \varphi\right) = \dfrac{-u_0\sqrt{2}}{\sqrt{R_1^2 + \mathcal{L}_1^2\,\omega^2}}\cos\left(\omega t + \frac{2\pi}{3} - \varphi\right), \\[4mm] I_3 = \dfrac{u_0\sqrt{3}}{\sqrt{R_1^2 + \mathcal{L}_1^2\,\omega^2}}\sin\left(\omega t + \frac{5\pi}{6} - \varphi\right) = \dfrac{-u_0\sqrt{3}}{\sqrt{R_1^2 + \mathcal{L}_1^2\,\omega^2}}\cos\left(\omega t + \frac{4\pi}{3} - \varphi\right). \end{cases}$$

$$(\text{S}) \begin{cases} i_3 = I_1 - I_2 = \dfrac{-u_0\sqrt{3}}{\sqrt{R_1^2 + \mathcal{L}_1^2\omega^2}}\left[\cos(\omega t - \varphi) - \cos\left(\omega t + \frac{2\pi}{3} - \varphi\right)\right] = \dfrac{3u_0}{\sqrt{R_1^2 + \mathcal{L}_1^2\omega^2}}\sin\left(\omega t + \frac{4\pi}{3} - \varphi\right) \\[4mm] i_1 = \dfrac{3u_0}{\sqrt{R_1^2 + \mathcal{L}_1^2\omega^2}}\sin(\omega t - \varphi), \\[4mm] i_2 = \dfrac{3u_0}{\sqrt{R_1^2 + \mathcal{L}_1^2\omega^2}}\sin\left(\omega t + \frac{2\pi}{3} - \varphi\right). \end{cases}$$

Alternateur enroulé en triangle. — En suivrait les méthodes précédemment indiquées, le lecteur pourra sans difficulté résoudre les problèmes qui peuvent se poser dans cette hypothèse. Nous n'insisterons pas.

Propriétés particulières des systèmes triphasés étoilés. — Pour passer de la tension étoilée à la tension composée, il faut effectuer les différences :

$$u_3 - u_2, \quad u_2 - u_1, \quad u_1 - u_2,$$

or, nous avons vu que les fonctions harmoniques u_1, u_2, u_3 provenant d'une machine, symétrique, page 88, devaient être privées des harmoniques paires de sorte que :

$$u_1 = e_1 \sin \omega t + e_3 \sin (3\omega t - \psi_3) + e_3 \sin (5\omega t - \psi_3) + \dots\dots$$

$$u_2 = e_1 \sin \left(\omega t + \frac{2\pi}{3}\right) + e_3 \sin \left[3\left(\omega t + \frac{2\pi}{3}\right) - \psi_3\right] + e_3 \sin \left[5\left(\omega t + \frac{2\pi}{3}\right) - \psi_3\right] + \dots\dots$$

$$u_3 = e_1 \sin \left(\omega t + \frac{4\pi}{3}\right) + e_3 \sin \left[3\left(\omega t + \frac{4\pi}{3}\right) - \psi_3\right] + e_3 \sin \left[5\left(\omega t + \frac{4\pi}{3}\right) - \psi_3\right] + \dots\dots$$

les tensions composées ont donc pour expressions :

$$- U_{3-2} = u_2 - u_3 = e_1 \left\{ \sin \left(\omega t + \frac{2\pi}{3}\right) - \sin \left(\omega t + \frac{4\pi}{3}\right) \right\}$$
$$+ e_3 \left\{ \sin \left[5\left(\omega t + \frac{2\pi}{3}\right) - \psi_3\right] - \sin \left[5\left(\omega t + \frac{4\pi}{3}\right) - \psi_3\right] \right\}$$
$$+ e_7 [\dots\dots\dots] + ;$$

dans cette expression, le terme d'indice α (α *toujours impair*) aura pour expression :

$$e_\alpha \left\{ \sin \left[\alpha\left(\omega t + \frac{2\pi}{3}\right) - \psi_\alpha\right] - \sin \left[\alpha\left(\omega t + \frac{4\pi}{3}\right) - \psi_\alpha\right] \right\} =$$
$$- 2 e_\alpha \sin \frac{\alpha\pi}{3} . \cos (\alpha\omega . t - \psi_\alpha).$$

Cette expression U_{3-2} est ainsi développée suivant une fonction harmonique de même période, toutefois il est nécessaire de remarquer que les harmoniques d'ordre multiple de 3 se sont éliminées dans chaque U. Ceci était évident à priori, en remarquant que les harmoniques d'ordre 3 (ou d'un ordre multiple de 3) sont en phase dans chacune des branches de l'alternateur étoilé; puisque ces branches diffèrent d'un tiers de la période fondamentale ; dans chacune des différences, telles que $u_2\, u_3$, ces harmoniques doivent nécessairement se contrebalancer.

Il est très facile de voir que, pour les autres harmoniques de la tension composée de deux des tensions simples, le décalage de chaque terme sur l'harmonique étoilée correspondant à la troisième tension simple, est égal au quart de la période, ce décalage est en retard pour les harmoniques d'ordre $6\,n-1$, et en avance pour les harmoniques d'ordre $6\,n+1$.

Ainsi à la tension étoilée.

$$u_1 = e_1 \sin\omega t + e_3 \sin(3\,\omega t - \psi_3) + e_5 \sin(5\,\omega t - \psi_5) + e_7 \sin(7\,\omega t - \psi_7) + \ldots$$

correspondra la tension composée

$$U_{3-2} = \sqrt{3}\left[e_1\sin\left(\omega t + \frac{\pi}{2}\right) + e_5\sin\left(5\omega t - \frac{\pi}{2}\right) + e_7\sin\left(7\omega t + \frac{\pi}{2}\right) + e_1\sin\left(11\omega t - \frac{\pi}{2}\right) + \ldots\right]$$

Choix d'un système de courants pour une distribution d'énergie. — L'emploi du courant alternatif permet de transporter l'énergie électrique à très haute tension, 30.000 à 80.000 volts efficaces, ce qui entraîne une économie considérable de frais d'installation de ligne; nous allons démontrer ce fait en nous contentant du monophasé pour simplifier l'étude.

Soit à transporter 1.500 kw à 80 km de distance. On consent à perdre 6 0/0 en ligne, on demande le rapport des poids de cuivre à acquérir, en supposant que la ligne monophasée soit installée pour fonctionner d'abord, sous 5.000 volts; ensuite, sous 30.000 volts efficaces.

La longueur totale de la ligne est 160 kilomètres, sa résistance sera :

$$R_1 = \frac{1,6 \times 10^{-6} \times 16 \times 10^6}{x}$$

x étant la section inconnue de la ligne sous 5.000 volts, $1,6 \times 10^{-6}$ la résistivité du cuivre.

Admettons, toujours pour simplifier, que le transport soit destiné à la lumière ou toute autre utilisation dénuée de self-induction, le courant dans la ligne sera donc :

$$I_{\text{eff}} = \frac{1.500.000}{5.000} = 300 \text{ ampères,}$$

or, la perte d'énergie consentie est :

$$\frac{1.500.000 \times 6}{100} = 90.000 \text{ watts,}$$

de sorte que :

$$R_1 \times \overline{300}^2 = 90.000,$$

et ainsi :

$$R_1 = 1 \text{ ohm} \quad \text{et} \quad x = 16 \times 1,6 = 25,6 \text{ centimètres carrés.}$$

c'est une section considérable entraînant une dépense énorme d'acquisition de cuivre, pour 160 kilomètres ; le lecteur pourra l'évaluer, en supposant que le cours du cuivre est 225 francs les 100 kilogrammes.

Dans le cas où la tension est 30.000 volts, nous aurons :

$$I_{\text{eff}} = \frac{1.500.000}{30.000} = 50 \text{ ampères},$$

de sorte que la résistance R_2 de la ligne est donnée par la relation :

$$R_2 \times \overline{50}^2 = 90.000,$$

et ainsi :

$$R_2 = 36 \text{ ohms},$$

la section est immédiatement calculée :

$$x_2 = \frac{1,6 \times 10^{-6} \times 16 \times 10^6}{36} = 0,71 \text{ cm}^2.$$

La dépense en cuivre sera 36 fois moins considérable que précédemment et le problème industriel sera devenu possible au point de vue de la dépense.

Mais une autre exigence de l'industrie pratique tend à faire donner la préférence au transport par courant alternatif comparativement au courant continu.

On ne peut appliquer directement les courants à très haute tension aux utilisations, ils sont en effet dangereux et exigent des soins d'isolation impraticables à assurer la plupart du temps ; il faut donc les transformer en d'autres à tension moins élevée, de façon à pouvoir les manier sans risque ; or, tandis que la transformation du courant continu à haute tension en courant continu à basse tension est d'un emploi peu commode, et, au surplus, entraînant des déchets d'énergie, la transformation de courant alternatif à haute tension en courant alternatif à basse tension est des *plus commodes*, des plus économiques, grâce aux transformateurs *imaginés par l'ingénieur français Gaulard*. Ce n'est pas la place de décrire ici ces appareils, nous n'en dirons pas davantage.

Beaucoup d'électriciens, beaucoup de constructeurs se montrent exclusifs dans leurs opinions sur les courants alternatifs. Il y a quelques années mêmes, il était admis de déclarer que le système triphasé était d'une supériorité indiscutable sur le système monophasé, on invoquait l'économie pour le transport d'une même énergie aussi bien en envisageant le prix d'établissement, qu'en considérant le déchet nécessairement gaspillé, sous forme de chaleur due à l'effet Joule, par la ligne pendant son fonctionnement. Evidemment, dans beaucoup de cas, le triphasé peut encore, à l'heure actuelle, paraître préférable au système monophasé, mais il est cependant des conditions qui feront choisir le monophasé, en particulier, si la distribution d'énergie doit assurer le service d'un réseau de chemins de fer ou de tramways non urbains.

La forme alternative du courant entraîne, elle aussi, bien des désagréments que ses admirateurs de parti pris oublient de signaler : on risque de se trouver en présence d'effets de surtension, de capacité et sans oublier la production involontaire d'harmoniques désastreuses, comme on le verra en un autre fascicule.

En somme, il y aura toujours, pour l'ingénieur chargé de l'étude d'une grande distribution, un examen à faire entre toutes les données du problème ; ce qui pourra déterminer le choix, ce seront le plus souvent des conditions d'espèces en présence desquelles il se trouvera placé.

Répulsion d'un circuit sur un circuit voisin. — Expérience d'Elihu Thomson. — Considérons un circuit, et, pour rendre l'effet expérimental plus saisissant, supposons que ce circuit soit celui d'un électroaimant (fig. 86) ; si, après avoir excité cet électroaimant avec un courant alternatif :

$$I = I_0 \sin \omega t,$$

nous approchons un anneau métallique B, nous voyons que cet anneau est brutalement repoussé, dès que la main a cessé de le maintenir en place.

L'explication est simple. Le flux d'induction de l'électroaimant Φ est en phase avec le courant I, ce flux détermine dans l'anneau une force électromotrice $\frac{d\Phi}{dt}$ décalée sur le flux et *en arrière* sur celui-ci de $\frac{\pi}{2}$; autrement dit, la force électromotrice de l'anneau est décalée sur le courant I de l'électroaimant, et en arrière de ce courant, de $\frac{\pi}{2}$; le courant I' provoqué dans l'anneau par la force électromotrice est décalé sur cette force électromotrice, et en arrière, d'un angle φ, tel que :

$$\frac{\pi}{2} > \varphi > 0,$$

de sorte que I' est décalé sur I, et en arrière, d'un angle :

$$\varphi' = \frac{\pi}{2} + \varphi,$$

tel que :

$$\pi > \varphi' > \frac{\pi}{2}.$$

Sur la figure 87, nous avons représenté deux fonctions sinu-

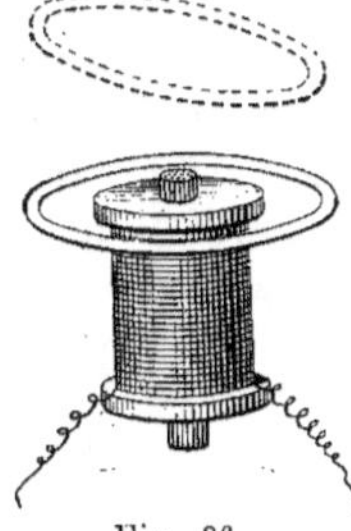

Fig. 86.

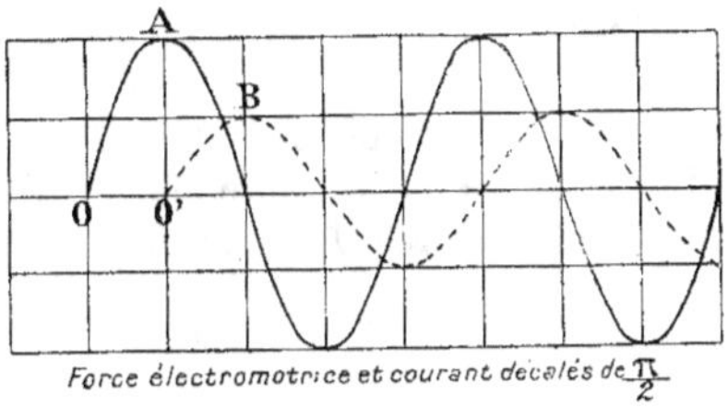

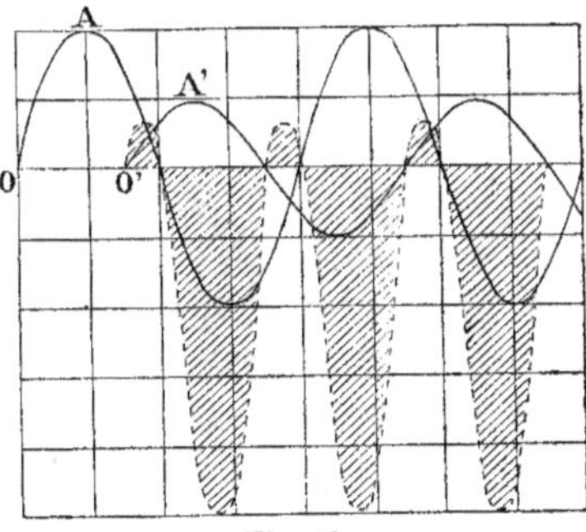

Fig. 87.

soïdales décalées de $\frac{\pi}{2}$; on peut se rendre compte que les attractions au cours d'une période compensent exactement les répulsions, car les attractions et les répulsions sont proportionnelles aux produits des courants en présence; l'effet sera attractif, si les deux courants sont de même sens, l'effet sera répulsif dans le cas contraire. Sur la figure 88, nous avons tracé les deux courbes sinusoïdales représentant les courants I et I', puis, nous avons tracé la courbe ombrée dont l'ordonnée est, à chaque instant, proportionnelle au produit des ordonnées des deux

Fig. 88.

courbes sinusoïdales; ainsi, l'ordonnée de la courbe ombrée représente, au temps considéré, l'attraction des deux courants, si cette ordonnée est positive; tandis que cette ordonnée représente la répulsion si, au contraire, l'ordonnée est négative. Sur la figure, on constate que les répulsions sont d'autant plus prépondérantes que

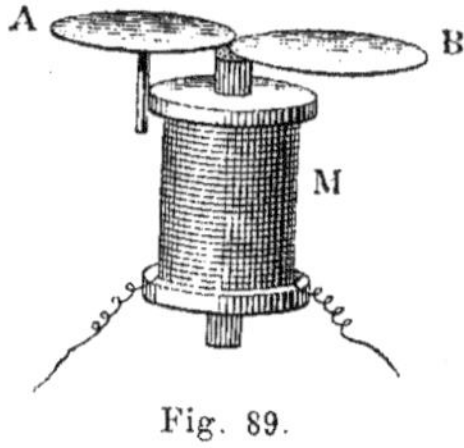

Fig. 89.

la différence φ' de phase est plus considérable.

Elihu Thomson a illustré cette expérience de diverses façons. Nous avons représenté (fig. 89), une de ces formes : un disque de cuivre A, pouvant tourner sur pivot, est placé excentriquement par rapport au pôle alternatif d'un électroaimant M; on a eu soin de masquer une partie du pôle alternatif par un autre disque B faisant fonction d'écran par rapport à A, dans ces conditions dissymétriques, on voit A prendre un mouvement rapide de rotation, et, si on a placé B lui-même sur un pivot, ce disque prend, lui aussi, un mouvement rotatif, mais en sens inverse de celui de A.

TABLE DES MATIÈRES

CHAPITRE PREMIER

Lois de l'induction. — Vérifications expérimentales. Théorie du phénomène.

CHAPITRE II

Induction. — Théorie du phénomène (*suite*).

CHAPITRE III

**Induction dans les milieux conducteurs. — Courants de Foucault.
Courant variable dans les conducteurs à grande dimension.**

CHAPITRE IV

Courants alternatifs.

CHAPITRE V

Les courants alternatifs (*suite*). — **Étude graphique.**

CHAPITRE VI

Les courants alternatifs (*suite*). — **Méthode de P. Steinmetz.
Études sur le triphasé. — Phénomènes de repulsion.**

16 Januar 9

Librairie des Sciences et de l'Industrie. — 1, rue de Médicis, PARIS (VIe)

CARNETS ET BLOCS

EN PAPIER MILLIMÉTRÉ

POUR CROQUIS ET RÉDUCTIONS GÉOMÉTRIQUES

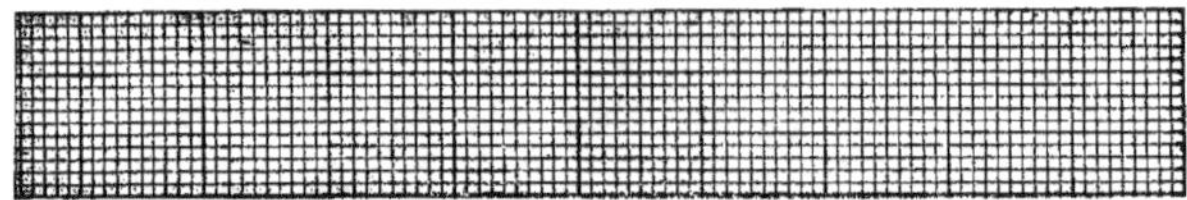

Subdivisions par centimètres avec lignes plus fortes chaque 5 millimètres

	PAPIER transparent		PAPIER FORT	
	N^{os}	Fr.	N^{os}	Fr.
BLOCS SUR CARTON, 13 ½ × 21 :				
Le bloc .. de 100 feuillets	5o1	1 »	5o2	1.30
Par 10 carnets		0.90		1.20
Par 5o —		0.80		1.05
Par 100 —		0.70		0.95
Le bloc .. de 200 feuillets	5o3	1.80	5o4	2.40
Par 10 carnets		1.65		2.15
Par 5o —		1.45		1.90
Par 100 —		1.25		1.70
— Id. — 21 × 27 :				
Le bloc .. de 100 feuillets	5o5	1.90	5o6	2.50
Par 10 carnets		1.70		2.25
Par 5o —		1.50		2 »
Par 100 —		1.35		1.75
Le bloc .. de 200 feuillets	5o7	3.60	5o8	4.80
Par 10 carnets		3.25		4.30
Par 5o —		2.90		3.85
Par 100 —		2.50		3.35
PIQURES, couverture moleskine, 13 ½ × 21 :				
Le carnet de 100 feuillets	5o9	1.50	5io	1.80
Par 10 carnets		1.35		1.60
Par 5o —		1.20		1.45
Par 100 —		1 »		1.25
Le carnet de 200 feuillets	5ii	2.75		
Par 10 carnets		2.50		
Par 5o —		2.20		
Par 100 —		1.90		
— Id. — 21 × 27 :				
Le carnet de 100 feuillets	5i3	3 »	5i4	3.75
Par 10 carnets		2.70		3.40
Par 5o —		2.40		3 »
Par 100 —		2.10		2.60
Le carnet de 200 feuillets	5i5	5.50		
Par 10 carnets		4.95		
Par 5o —		4.40		
Par 100 —		3.85		

Les Blocs et Piqûres se font en noir, bleu ou bistre au gré des clients.

PAPIER MILLIMÉTRÉ, subdivisions par centimètre, avec divisions plus fortes de 5 en 5 centimètres :

	50 × 65		32 × 50		27 × 37	
	Mince	Fort	Mince	Fort	Mince	Fort
La feuille	0.10	0.20	0.075	0.15	0 05	0.10
Les 100 feuilles	8.50	17 »	5 »	10 »	3.50	7 »
Les 5oo —	40 »	80 »	22 »	44 »	14 »	28 »

DE LAHARPE
NOTES ET FORMULES

16e ÉDITION   de l'Ingénieur et du Constructeur Mécanicien   **16e ÉDITION**

Revue et corrigée par MM. VIGREUX et MILANDRE

Un volume de 2000 pages et 1500 figures.   *Prix cartonné* **12 fr. 50.**

CHEMIN DE FER DU NORD

PARIS-NORD à LONDRES

(Via Calais ou Boulogne)

Cinq services rapides quotidiens dans chaque sens

(VOIE LA PLUS RAPIDE)

Services officiels de la poste *(Via Calais).*

SERVICES RAPIDES ENTRE PARIS, LA BELGIQUE, LA HOLLANDE L'ALLEMAGNE, LA RUSSIE, LE DANEMARK, LA SUÈDE & LA NORVÈGE

TRAINS DE LUXE

Toute l'année :

Nord-Express. — Tous les jours entre Paris (1 h. 5o soir) et Berlin. (A l'aller, ce train est en correspondance à Liège avec l'Ostende-Vienne).

Le train partant de Paris le Lundi continue sur Varsovie, et ceux partant les Mercredi et Samedi sur Saint-Pétersbourg.

Péninsulaire-Express. — Départ de Londres le Vendredi, et de Calais-Maritime le Samedi à 1 h. o3 pour Turin, Alexandrie, Bologne, Brindisi, où il correspond avec le paquebot de la Malle de l'Inde.

Calais-Marseille-Bombay-Express. — Départ de Londres et Calais-Maritime (2 h. 55 soir) le Jeudi pour Marseille, en correspondance avec les paquebots pour l'Egypte et les Indes.

Simplon-Express. — De Londres, Calais (3 h. soir) et Paris-Nord (6 h. 51 soir) pour Lausanne, Brigue et Milan (3 fois par semaine en hiver, tous les jours en été).

L'hiver seulement :

Calais-Méditerranée-Express. — De Londres, Calais (3 h. soir) et Paris-Nord (6 h. 51 soir) pour Nice et Vintimille.

Train rapide quotidien. — De Paris-Nord (7 h. 32 soir) pour Nice et Vintimille composé de lits-salons et voitures de 1re classe.

VOYAGES CIRCULAIRES A PRIX RÉDUITS

en France et à l'Étranger

avec itinéraire tracé au gré des voyageurs

Délivrance toute l'année de billets permettant d'effectuer un voyage empruntant les réseaux français, les lignes de chemins de fer et les voies navigables des pays européens. Le parcours ne peut être inférieur à 600 kilomètres.

La durée de validité est de 60 jours jusqu'à 2.000 kilomètres, 90 jours de 2.000 à 3.000 kilomètres, et de 120 jours au-dessus.